인문학의 구조 내에서 상징형식 개념 외

책세상 문고·고전의 세계

010

에른스트 카시러
인문학의 구조 내에서 상징형식 개념 외

오향미 옮김

해제 | 상징형식 철학으로 본 인간과 문화

책세상

일러두기

1. 이 책은 다음 논문을 옮긴 것이다.

   1) 〈인문학의 구조 내에서 상징형식 개념 Der Begriff der symbolischen Form im Aufbau der Geisteswissenschaften〉은 바르부르크 도서관이 기획한 연속 강의 가운데 첫 번째 강의록이다. (연도로 보아 1921년에서 1922년에 걸친 겨울 학기에 행해진 것 같다.) 이 논문은 1923년 라이프치히에서 처음 출간되었고, 전후에 기획된 논문집 《상징 개념의 본질과 작용 *Wesen und Wirkung des Symbolbegriffs*》(8. unver nd. Aufl. Darmstadt : Wissenschaftliche Buchgesellschaft, 1994)에 편집되었다.

   2) 〈문화철학의 자연주의적 논거와 인본주의적 논거 Naturalistische und humanistische Begr ndung der Kulturphilosophie〉는 1939년 스웨덴의 예테보리에서 처음 출간되었다. 이 논문을 옮기면서 라이너 바스트 Rainer A. Bast가 1993년 편집하고 주(註)를 붙인 논문집 《인식, 개념, 문화 *Erkenntnis, Begriff, Kultur*》(Felix Meiner Verlag : Hamburg, 1993)를 참고했다.

2. 이번 4쇄는 초판(2002)의 오류를 바로잡은 수정본이다.

3. 각 장의 소제목은 독자의 이해를 돕기 위해 편집부에서 덧붙인 것이다. 주는 모두 후주로 처리했으며, 옮긴이주와 원편집자주는 따로 표시했다. 해제의 주는 모두 옮긴이주이나 따로 표시하지 않았다.

4. 원서에서 자간을 벌려 강조한 단어는 굵은 서체로, 이탤릭체로 강조한 단어는 이탤릭체로 처리했다.

5. 중요한 독일어 개념어는 격변화 없이 원형으로 표시했다.

6. 주요 인명과 책명은 처음 한 회에 한해 원어를 병기했다.

7. 단행본과 잡지는 《 》로, 논문은 〈 〉로 표시했다.

8. 맞춤법과 외래어 표기는 1989년 3월부터 시행된 〈한글 맞춤법 규정〉과 《문교부 편수자료》에 따랐다. 단 이미 굳어진 외래어의 경우에는 관례를 따랐다.

들·어·가·는·말

여기에 옮긴 에른스트 카시러Ernst Cassirer의 두 논문은 '상징형식 철학'의 형성 과정과 문화철학으로서의 의미를 가장 잘 보여주는 것이다. 1장 〈인문학 구조 내에서 상징형식 개념〉(이하 〈상징형식 개념〉)은 카시러 문화철학의 핵심인 상징형식 개념을 가장 함축적으로 보여주고 있으며, 2장 〈문화철학의 자연주의적 논거와 인본주의적 논거〉(이하 〈문화철학〉)는 카시러의 상징형식 철학이 문화철학을 넘어 사회철학과 정치철학으로 확장될 수 있는 가능성을 보여주고 있다.

〈상징형식 개념〉은 바르부르크 도서관에서 개최한 일련의 강연 가운데 하나로 1923년 책으로 출간되었다. 해제에서 자세히 밝히겠지만, 함부르크에서 유대계 은행가의 아들로 태어난 아비 바르부르크Aby Warburg는 고대 그리스와 로마인의 삶과 관련된 예술과 종교 그리고 문화에 관한 방대한 '문화학 도서관'을 구축해가고 있었다. 이 도서관을 중심으로 비슷한 관심을 가진 철학자와 예술사가들이 모여 논문을 발표하고 토론하는 '바르부르크 서클'이 형성되었다. 바르부르크가 자신의 개인 연구를 위해 만든 이 사설 도서관은 1차 세계대전 이후에는 새로 설립된 함부르크 대학과 학문적, 인적으로 긴밀한 관계를 맺게 된다. 이 신생 대학에 교수로 부임한 에른스트 카시러는 바르부르크 도서관의 실질적인 운영을 맡고 있던 프리츠 작슬Fritz Saxl의 안내로 1920년 처음 이 도서관을 접한다. 특정 연구 주제를 중심으로 기획된 도서관의 장서 수집 방향과 방내힘에 대한 카시러의 놀라움은 〈상징형식 개념〉의 서두에 잘 나타나 있다. 예술사학에 관심을 기울였던 바르부르크는 기존의 연구 풍토에서는 흔치 않게 철학이나 예술뿐 아니라 점성학과 마술에 관련된 책도 수집했다. 더욱 흥미로운 것은 그의 수집 대상에 속한 것이 단순히 문자로 된 책만이 아니라 그림이나 그 밖의 다양한 형태의 모든 기록물이었다는 것이다. 이는 독일 관념주의, 특히 과학적 인식론을 중시하는 신칸트학파의 한 사람인 카시러에게는 충격일 수밖에 없었다. 카시러는 도서관 장서의 내용과 수집의 특이성을 누구보다 잘 이해했고, 그 도서관을 통해 자신의 문화철학을 수립하는 계기를 만들어낸다. 〈상징형식 개념〉에는 카시러가 바르부르크 도서관을 만난 충격과 새로운 세계에 대한 설렘으로부터 그의 고유한 철학 체계를 형성하는 과정이 담겨 있다.

1장의 주제는 다양한 인문학 분과들 하나하나에서 상징형식의 형성법칙을 보여주는 것이다. 여기서 '인문학'은 독일어의 'Geisteswissenschaft'를 번역한것이다. 이 말은 'Naturwissenschaft', 즉 자연과학과 대비되어 흔히 '정신과학'으로 번역된다. 여기에는 두 가지 문제가 있다. 먼저 'Wissenschaft'라는 말은 과학이라기보다는 '학문' 혹은 '학(學)'이라는 포괄적 의미를 갖는다. 외부의 자연이 아니라 인간의 의식, 정신과 그 산물을 대상으로 한다는 점에서 '정신'에 대한 과학이라 할 수도 있겠으나 '과학'과 '학문'이 우리말에서 의미하는 바를 생각할 때 '학문'이라고 옮기는 것이 적당할 것 같다. 그러면 '정신학'

내지 '정신학문'이 되어야 할 텐데 이 말은 낯설 뿐만 아니라 의미도 달라진다. 따라서 'Geisteswissenschaft'는 '인문학'으로 옮기는 것이 가장 적당하다고 판단된다.

2장 〈문화철학〉은 출판 시기(1939년)와 장소(스웨덴의 예테보리)가 말해주듯, 망명 철학자로서 카시러가 경험한 유럽의 정치·사회적 위기를 문화철학적으로 분석하고 대안을 제시하는 글이다. 그는 유럽의 위기를 문화에 대한 인식의 위기, 즉 결정주의적·자연주의적 문화철학의 위기로 보았다. 그에 반해 인본주의적 문화철학은 인류 문화의 미래는 예견될 수 없음을, 인간에게는 단지 자신이 가진 '상징 형성' 능력을 통해 미래의 문화를 자신의 의지대로 만들어갈 가능성과 책임이 있음을 보여준다.

카시러는 1990년대 초반까지 독일에서도 제대로 연구되지 않은 철학자에 속했다. 그는 1933년 독일을 떠나 망명지 미국에서 1945년 종전을 얼마 앞두고 생을 마감했다. 그래서 독일보다는 미국에서 그의 영문 저서들과 1950년대에 영어로 번역된 주요 저서를 중심으로 연구되었다.[1] 한국에도 그의 영문 저서《인간이란 무엇인가*An Essay on Man*》와《국가의 신화*The Myth of the State*》가 먼저 번역되고(1988년), 독문 저서인《계몽주의 철학*Die Philosophie der Aufklärung*》과《르네상스 철학에서의 개체와 우주*Individuum und Kosmos in der Philosophie der Renaissance*》는 1990년대 중반에(1995년과 1996년) 번역되었다. 이로써 카시러의 철학사적 저술의 일단이 소개되었다고 할 수 있다. 하지만 카시러의 문화철학적 기획을 담고 있는 3부작으로 된

주저 《상징형식 철학*Die Philosophie der symbolischen Formen*》은 그 방내함 때문인지 아직 소개되지 못하고 있다.(2015년 현재 카시러의 다른 저서들이 많이 번역되어 있다. 2002년 이후 번역된 저서에 대해서는 '더 읽어야 할 자료들' 참고)

카시러는 독일 철학계에서 전통적으로 신칸트학파의 한 사람으로 분류되었고, 그의 문화철학적 기여는 1990년대 초반까지 별로 주목받지 못했다. 신칸트학파는 칸트의 순수이성에 의한 과학적 인식에 다시금 초점을 맞추어 철학을 주관적 관념주의에서 구출하려는 계획을 갖고 있었고, 이런 흐름이 한때 마르부르크 대학의 헤르만 코엔*Hermann Cohen*과 그의 제자들에 의해 독일 철학계를 주도했다. 하지만 곧 새로운 흐름인 현상학, 해석학, 생철학에 의해 입지를 상실했고 철학 내에서 사실상 그 전통이 단절되었다. 이런 흐름과 더불어 마르부르크학파의 한 사람으로 알려진 망명철학자 카시러에 대한 관심도 저조했다. 이런 상황은 카시러의 초기 4부작 저서 《근대 철학과 과학에서의 인식 문제*Das Erkenntnisproblem in der Philosophie und Wissenschaft der neueren Zeit*》[2]가 철학사에서 차지하는 커다란 의미 덕분(?)에 더욱 굳어졌다. 1906년부터 1920년에 걸쳐 1, 2, 3부가 출판되고, 1950년 제4부가 유고로 출간된 이 저서에서 카시러는 마르부르크 신칸트학파의 문제의식에 충실하여 철학사를 인식론사로 파악했다. 이 인식론 저서가 주목받은 만큼 카시러의 문화철학은 부차적으로 취급되었다. 하지만 카시러는 이미 1920년대 초 순수 논리에 입각한 철학의 재구축이라는 마르부르크학파의 과제를 확장하여 칸트가 "판단력"이라

부른 인간의 다른 정신적 능력에도 "비판철학적" 방법을 통해 그 논리를 부여하는 작업을 시도했다. 이로써 카시러는 더 이상 신칸트학파의 한 사람으로 볼 수 없는 새로운 영역을 개척했다.

《상징형식 철학 1권. 언어》의 출간(1923)과 더불어 카시러는 과학적 인식뿐 아니라 언어와 신화, 종교, 예술의 가능성에 대해 비판적으로 고찰하는 문화철학의 길을 본격적으로 가기 시작한다. 문화철학에 대한 카시러의 이런 관심은 신칸트학파의 또 다른 지류를 형성했던 서남독일 신칸트학파의 문화철학과는 동기부터 달랐다. 빈델반트와 리케르트의 서남독일학파는 과학, 기술 문명과 구분되는 정신문화의 논리를 찾아내고 존재와 보편보다는 당위와 특수를 강조하고자 했다. 카시러는 이런 움직임이 유물론이나 실증주의에 대한 반박이 될 수는 있어도 자연과학과 문화과학이 만날 수 있는 여지를 봉쇄할 수 있다는 점을 지적했다. 자연과학이든 문화과학이든 결국 대상 차이에도 불구하고 인간의 세계 인식 과정이라는 측면에서 통일적으로 다룰 수 있고, 또 통일적으로 다룰 때 두 분과 간의 단절을 막을 수 있다고 생각한 것이다.

그런데 '통일적 방법'이라고 하면 카시러가 자연과학의 방법과 논리로 문화마저 다루려 했다는 오해를 불러일으킬지도 모른다. 카시러의 통일적 방법이란 과학을 유일한 객관적 인식의 형식으로 보는 것이 아니라 신화, 종교, 예술 같은 다양한 세계 인식 형식들 가운데 '하나'로 보는 것이다. 상징형식 철학에 따르면 신화와 종교와 예술도 과학적 객관성과 차별화되지만, 내적 일관성과 법칙성이라는 측면에서 볼 때 고유한 객관성을 갖고 있다. 엄격히 말해서 인간은 자연에 둘러싸여 있는 것이 아니라 인식에 의해 구성된 문화 세계 속에 살고 있으며, 이 문화 세계는 일정한 법칙에 의해 생성된 다양한 상징형식들로 구성된 세계이다. 실증주의자들이 말하는 것처럼 인간은 최고의 혹은 최종적인 발전 단계에 도달한 어떤 하나의 방법으로 세계를 이해하는 것이 아니라 지금까지 다양하게 분화되어온 모든 상징형식들 전체로써만 이 세계를 보다 완전하게 이해할 수 있다. 그러나 결정적인 완결이란 없다. 상징형식은 무한히 만들어지고 분화해간다. 다만 어느 형식이 어느 시대를 주도하느냐 하는 문제만 남는다. 문화의 방향이 인간에게 주어져 있듯이, 어느 형식으로 시대를 읽어낼 것이냐 하는 것도 카시러에 따르면 인간에게 주어진 능력이자 과제이다.

인간의 삶은 신화적 인식에도 빚지고 있는 부분이 있으며 종교와 예술 없이는 이해할 수 없는 부분도 있다. 물론 과학적 인식이 근대 서구 문화를 주도한 문화형식이라는 것은 부인할 수 없다. 그럼에도 과학이 종교와 예술의 역할을 완전히 대체하지는 못했으며, 대체할 수도 없다. 상징형식 철학에 따르면 서구 중심적 문화형식의 서열화는 근거가 없다. 종교와 예술을 인정하듯 비서구 지역의 신화적, 종교적 문화 역시 그 자체의 논리와 의미를 갖기 때문이다. 20세기 초 문화인류학이 비서구의 '비문명적 문명'에 찬사를 보냈다면 그것도 카시러에게는 서구의 과학 지상주의만큼이나 편협한 것이다. 문화형식은 시대와 장소에 따라 다른 강조점을 갖고 있을 뿐 우열의 관계에 있지 않다고 보기 때문이다.

카시러는 동시대인에게 20세기의 마지막 천재라는 평가를 받았을 정도로 문화 전반에 해박한 지식을 갖고 있었다. 그가 쓴 수학 논문 가운데 하나는 아직도 도전받지 않고 남아 있을 만큼 탁월한 것이고, 아인슈타인을 자신의 집에 초대해 토론회를 개최할 만큼 현대물리학에도 조예가 깊었다. 게다가 고전 음악과 독일 문학을 즐겼고, 특히 괴테를 흠모하여 그의 작품을 대부분 외울 정도였다고 한다. 본문을 읽으면서 독자들 또한 여기저기서 카시러의 해박함을 경험할 것이다. 그리고 바로 그 해박함이 드러난 곳에서 옮긴이는 한계를 느껴야 했다. 게다가 카시러는 비상한 기억력의 소유자로 출전에 의존하지 않고 곧바로 머릿속에 떠오른 대로 인용하곤 했다고 한다. 주석이 완전하지 않거나 아예 주가 없는 인용이 많은 것은 그 이유다. 1장 〈상징형식 개념〉은 1923년 출간 당시 그대로의 문헌을 옮긴 것이라 출처를 확인하는 데 한계가 있었음을 밝힌다. 현재 상세한 편집자 주로 보완된 카시러 전집이 발간되고 있으니 기다려야 할 것 같다. 2장 〈문화철학〉은 라이너 바스트Rainer Bast가 상세히 주를 단 새로운 판본을 사용해 인용의 출처를 제대로 밝혔다. 필요한 경우 바스트의 설명을 참고해 주를 달았다.

'문화'라는 말이 많은 이들의 관심을 끌고 있는 요즘, 여기 옮긴 두 편의 논문을 통해 카시러의 문화와 인간에 대한 성찰을 접해보기 바란다.

2002년 초봄
옮긴이 오향미

제1장 인문학의 구조 내에서 상징형식 개념

1. 정신의 상징 형성

(1) 바르부르크 문화학 도서관

이 연속 강연의 맥락에서 내가 감히 다루려고 하는 주제가 역사적이거나 특별히 문화학적인 것이 아니라 체계적이고 철학적인 성격을 가지며, 그래서 그 주제가 바르부르크 도서관[3]이 부여한 과제의 범위를 넘어서는 것처럼 보인다면, 주어진 범위를 넘어서는 시도에 대한 논거와 정당화가 필요할 것이다. 그 논거는 내가 바르부르크 도서관을 처음으로 좀 더 자세히 알게 되었을 때 받았던 개인적인 인상을 이야기하는 것으로 가장 잘 설명되리라 믿는다. 이 강연에서 여러분에게 매우 짤막한 개괄 형식으로 던지고 싶은 질문들은 이미 오래전부터 씨름해왔던 것인데 도서관을 방문했을 때 비로소 구체적으로 명확해진 것처럼 보였다. 나는 이 연속 강연[4]의 도입 강연[5]에서 이야기한 것을, 즉 이 도서관에서는 단순히 책 수집이 아니라 문제 수집이 주제가 됨을 매우 강하게 느꼈다. 내가 이런 인상을 받은 것은 이 도서관의 물적 영역 때문이 아니었다. 단순한 물품보다는 도서관의 구성 원칙이 훨씬 더 강한 인상을 주었다. 여기서는 예술사, 종교사와 신화사 그리고 언어사와 문화사가 특이하게도 나란히 꽂혀 있었을 뿐만 아니라 서로 겹쳐지고 공통의 이념적 중심점에 관련되어 있었다.

물론 이 관련 자체는 첫눈에는 다분히 역사적인 것으로 보인다. 이것은 그리스 로마 시대 이후 사람들에게서 비롯된 문제이며, 도서관 전체 구조를 지배하는 특징으로 부여되고 있다. 그러나 각각의 정신사적인 문제는, 그 문제가 진정 폭넓고 깊이 있게 제기된다면, 동시에 보편적이고 체계적인 정신철학의 문제를 내포하고 있는 것이다. 정신을 전체적으로 조망하는 일은 정신의 역사에 기대지 않고서는 그 어디에서도 불가능하다. 그러나 그 조망은 유일하게 역사적인 차원에만 머물러 있는 것이 아니다. 있음Sein의 되어감Werden에 대한 관계는 진정한 상관관계로서, 반대의 경우도 그러하다. 정신적 존재가 생성 형식이 아닌 다른 것으로 조망될 수 없듯이 모든 정신적인 생성은 철학적으로 이해되고 파악되는 한 그로 인해 존재의 형식으로 끌어올려진다. 정신의 삶이, 그것이 전개되는 단순한 시간의 형식 속으로 용해되지 않으려면, 그 시간 속에서 해체되지 않으려면, 일어남의 동적인 배경 아래 형태를 가지고 지속하는 다른 것, 곧 머무는 것을 반영해야 할 것이다.

(2) 형식적 통일성의 추구

언어학자, 종교사가, 예술사가는 각각 연구 대상의 개별 영역에 더 짧게 머물수록 이런 형식적 통일성을 좀 더 분명히 느낀다. 연구자는 자신에게 나타난 역사적 존재 하나하나의 새로운 영역과 더불어, 동시에 자신의 순수한 역사적 조망을 넘어서 설명되는 관련성들을 암시받고 있다고 본다. 사실 오늘날 철학보다는 오히려 개별 과학 자체에서 다시 어떤 경향이 매우 강하게 일고 있다. 그 경향이란 "실증주의"를 넘어서, 그러니까 사실이라는 단순한 자료에 초점을 맞추고 제한하는 것을 넘어서는 것이다. 현대 언어학자 가운데 이와 같은 명제를 대단히 정력적으로 옹호한 사람은 카를 포슬러Karl Voßler이다. 실증주의에서 관념주의로 결정적 일보를 내디디려고 해야만 언어사적 사실이 본질적으로 완전하게 이해될 수 있다는 것이 그것이다. 오늘날 언어 연구와 언어 비교가 점점 더 확장될수록 언어 발전의 어떤 지속되는 동기들, 곧 언어의 어떤 '본질 요소에 관한 사유'가 점점 더 확정적으로 나타나는 것처럼 보이는데, 이 본질 요소에 관한 사유는 역사적 영향과 차용이 없었던 곳에서도 놀라운 일치를 보이며 발견된다. 아마도 사람들은 이런 현상의 이유를 가장 먼저 순전히 생물학적인 영역에서 찾으려 할 것이다. 음운학의 현상과 음운 변천의 일반적인 법칙들이 문제가 되는 한 말이다. 그러나 언어 발달 과정에서 음운적인 것과 정신적인 요소가 서로 얼마나 깊이 침투했는지 고려해보면, "우선 문체론 그 다음 구문론과 음운론"이라고 함축적으로 표현했던 포슬러의 방법적인 가설을 믿게 된다. 그리하여 사람들은 적어도 생리학에 호소해 여기서 문제가 되고 있는 현상을 충분히 설명할 수 있어야 한다고 믿지는 않게 될 것이다. 사실 그래서 음운론의 현상과 유사한 형식 형성Formbildung 현상은 대체로 심도 있는 정신적 언어 구조 관계에서 이해할 수 있다. 훔볼트Wilhelm von Humboldt는 자신의 논문 〈양수(兩數)에 대하여Üer den Dualis〉와 〈대명사를 가진 장소부사의 유사성Üer die Verwandtschaft der Ortsadverbien mit dem Pronomen〉에서 관찰 방법의 전형을 보여주었다. 그 방법은 각각의 문법 형성의 성신적인 내용을 파악하기 위한 것이며, 개별 언어의 다양성으로 그 섬세한 음영과 암시에서 내용을 추적하기 위한 것이다. 위의 두 번째 논문에 나타난 기본 이념이 언어 연구에서 다시금 경험한 실행과 확장은 훔볼트식의 일반적 경향이 언어 연구에 여전히 남아 있음을 증명해주는 것처럼 보인다. 지난 10여 년간 비교 신화 연구에서도 단지 신화적 사고와 상상의 범위를 넘어서는 것이 아니라 신화 형성에서 일정하고 통일된 핵심 내용을 잡아내려는 노력이 점점 더 명확해지고 있다. 현상 속에서 보편타당한 것을 찾아내고 모든 특유한 신화적 형성의 근저에 놓여 있는 원칙들을 정하는 것을 과제로 삼아야 한다는 '일반 신화론'에 대한 호소가 이제는 특수성 연구에 의해서도 일어나게 되었다.[6] 이러한 프로그램을 실행하기 위해 계획된 '비교 신화 연구협회'의 저술들은 매우 엄격하게 제시된 이 과제를 일부분밖에 충족시키지 못하는 것 같다. 그 저술들은 신화를 하나의 통일된 의식 형태로 이해하고 특징짓기보다는 신화의 통일성을 단순히 대상이라는 측면에서 규정하려 했기 때문이다. 바빌로니아의 천문학과 점성학의 일정한 대상 범위는 모든 신화 형식의 접점과 모형으로 증명받기 위해 선택되었다. 그러나 신화의 대상을 관찰하는 이 방법으로는 신화적 사고의 본질적 통일성을 제대로 파악할 수 없다. 이것은 모든 신화적 암시의 중심에 있는 별자리 신화가 곧 상충하는 수많은 해석의 시도 속으로, 즉 태양 신화, 달 신화, 천체 신화 등으로 와해되어버렸다는 데서 나타난다.

여기서 다시 간접적이지만 명확하게 드러나는 것은, 정신 영역의 통일성이 결코 대상에 의해서가 아니라 그 정신적 영역의 근저에 놓인 기능으로 규정되고 확보된다는 것이다. 개별 연구 자체에서 출발하는 원칙들을 계속 따라가다 보면, 그 원칙들을 통해 일반적인 문제가 점점 더 명확해지는 것을 알 수 있다. 곧 상징형식의 일반적 체계성이라는 과제에 봉착하게 되는 것이다.

(3) 상징 형성의 근본현상

이 문제를 이런 방식으로 표현하고자 할 때, 우선 '상징형식' 개념을 좀 더 명확히 규정할 필요가 있다. 상징적인 것은 정신적 이해와 형성의 확정된 지향 개념으로 이해되고, 그 확정된 지향은 자신에 반하는, 즉 확정된 지향에 못지않게 확고한 반대 지향도 포함하고 있다. 예를 들면 언어 전체에서 언어 현상의 일정한 영역을 끄집어낼 수 있다. 이런 언어 현상을 좁은 의미에서 "은유적"이라고 부르며 "원래의" 단어 의미와 언어 의미에 대응시킬 수 있다. 그래서 단지 감각적이고 직관적인 내용 형성에 관계하는 서술 형식으로서의 예술을 알레고리적이고 상징적인 표현 수단을 사용하는 서술 방식과 구별할 수 있다. 결론적으로 사유 형식으로서의 상징적 사유에 대해 말할 수 있고 이 상징형식은 우리의 논리적이며 과학적인 개념 형성과 매우 예리한 성격상의 특징에 의해 구별된다. 반대로 여기서 상징형식이라는 개념을 통해 표현되어야 하는 것은 다른 일반적인 것이다. 상징적인 표현, 곧 감각적인 '기호'와 '형상'을 통해 '정신적인' 것을 표현한 것을 넓은 의미에서 포착하는 것이 중요하나. 문제는, 표현 형식의 모든 가능한 응용의 다양성에도 불구하고 이러한 표현 형식의 근저에 이 형식들을 내적으로 완결되고 통일된 기본 절차로 보여주는 하나의 원칙이 놓여 있느냐 하는 것이다. 그러니까 여기서 문제 삼아야 하는 것은 상징이 어느 하나의 특별한 영역, 곧 예술, 신화, 언어 안에서 무엇을 의미하고 무엇을 수행하느냐 하는 것이 아니다. 그보다는 언어가 전체로서, 신화가 전체로서 그리고 예술이 전체로서 어떻게 상징 형성의 일반적 특징을 가지고 있느냐 하는 것이다. 물론 역사적으로 상징 개념이 어떻게 이런 체계적 의미의 폭과 일반성을 점차 획득하게 되었는지를 추적할 수 있을 것이다. 상징 개념은 원래 종교적 영역에 뿌리를 두고 있으며 오랫동안 종교와 밀접한 연관을 맺어왔다. 상징 개념은 근대에 와서야 종교 영역에서 점차 더 의식적이고 더 결정적으로 다른 영역에 옮겨졌고 특히 예술과 미학적 고찰에 쓰이게 되었다. 괴테J. W. von Goethe는 여기서 매우 명료하게 근대 의식의 결정적 전기를 묘사한다. 캐스트너 Erich Kätner는 스물세 살의 괴테가 베츨러에 도착한 이후를 뛰어나게 묘사했다. 괴테는 눈에 띄게 활발한 상상력을 지니고 있어서 주로 은유와 비유로 자신을 표현했다고 한다. 또 그는 자신이 항상 비유적으로만 표현하고 한 번도 실제로 표현할 수 없다고 혼잣말을 하곤 했다고 한다. 그러나 나이가 들어서는 사유 자체를 그대로 생각하고 말하고자 했다고 한다. 일흔다섯의 괴테는 에커만Johann Peter Eckermann에게 다음과 같이 말하기도 했다. 그는 살아오면서 모든 자신의 영향과 성과를 단지 상징적으로만 보았고, 당시 생각하기에 가장 원천적이고 깊이 있는 그리고 "가장 진실한" 사고, 곧 변형 Metamorphose의 이념도, 첼터Karl Friedrich Zelter에게 보낸 편지가 말해주듯, 이제는 오로지 상징적으로만 이해하려고 한다고 말이다. 괴테의 경우 존재의 정신적 고리가 이러한 상징 개념 속에 들어 있는 것이다. 그 개념에는 예술적 추구의 전체뿐 아니라 바로 그의 고유한 삶과 사고 방식 전체가 요약되어 있다. 셸링F. W. J. von Schelling과 헤겔G. W. F. Hegel은 괴테에게서 시작해 괴테를 계속해서 참조함으로써 철학적 미학을 위한 상징 개념을 획득했고, 상징 개념이 미학의 토대를 구축하기 위해 가지고 있는 의미는 피셔Fr. Theod. Vischer의 상징에 관한 논문을 통해 최종적으로 확립된다. 그런데 이후의 고찰에서는 상징 개념을 이제까지와 같이 다양하고도 유익하게 적용하는 것이 아니라, 상징 개념의 통일적이고 보편타당한 구조에 대해 논의해야 할 것이다. '상징형식'은 각각의 정신의 힘으로 이해되어야 하는데, 이 힘에 의해 정신적인 것의 의미 내용이 하나의 구체적이고 감각적인 기호에 연결되고 이 기호에 내적으로 속하게 되는 것이다. 이런 의미에서 언어, 신화적·종교적 세계 그리고 예술은 각각 하나의 특별한 상징형식으로 나타난다. 왜냐하면 모든 상징형식 속에는 근본 현상이 표현되어 있으며, 근본 현상은 우리의 의식이 외부 세계에 대한 인상을 받아들이는 것에 만족하지 않고 표현이라는 자유로운 작업에 연결시켜 스며들게 하기 때문이다. 우리가 스스로 만들어낸 기호와 형상의 세계는 사물의 객관적 실재라고 부르는 것에 대항하여 나타나고 강력한 자율성과 근원적 힘을 가지고 객관적 실재에 대항하여 자신을 관철한다. 훔볼트는 어떻게 대상의 주관적 인식의 모든 방식이 필연적으로 언어의 형성과 사용으로 변하게 되는지를 보여준다. 단어는 결코 대상 자체의 모방이 아니라, 대상에 의해 영혼에 형성된 형상의 모방이라고 그는 설명한다. "대상과 인간 사이에 개별 음절이 나타나듯 전체 언어는 음절과 그 음절에 내적, 외적으로 반응하는 성질 사이에서 나타난다. 인간은 대상의 세계를 받아들이고 가공하기 위해 소리의 세계에 둘러싸여 있다. 언어를 자신에게서 만들어내는 것과 똑같은 행위에 의해 인간은 스스로를 언어에 둘러싸이게 한다. 그리고 모든 언어는 그 언어가 속한 민족의 테두리를 만들어내고 사람들은 다른 언어 집단으로 옮겨가는 한에서만 자기 언어 집단에서 나올 수 있다."[7] 여기서 말소리의 세계에 관해 말한 것은 내적으로 완결된 형상과 기호의 세계, 다시 말하면 신화적인 세계와 종교적인 세계 그리고 예술적인 세계에도 적지 않게 통한다. 오류임에도 되풀이되고 있는 경향은 발음된 소리의 내용과 그 소리가 갖는 '진리'를 표현 자체의 힘과 완결성이 아니라, 내적이든 외적이든 물리적이든 심리적이든 존재에 속해 있는 것으로 측정하는 것이다. 말소리는 우리와 대상 사이에 나타난다. 말소리는 대상이 우리에게 거리를 두는 것만을 부정적으로 묘사할 뿐 아니라, 유일하게 가능하고 적합한 매개와 매체를 창조해내는데, 이 매개와 매체를 통해 그 어떤 정신적 존재가 처음으로 파악되고 이해되는 것이다.

그런 매개가 소리 기호에 의해서든, 신화와 예술의 형상(形象) 형성을 통해서든, 아니면 순수 인식의 지적인 기호와 상징에 의해서든 필연적으로 정신적인 것 자체의 본질에 속한다는 것은, 정신적인 것의 본질이 우리에게 주어지는 가장 일반적 형식을 숙고해보면 금방 알 수 있다. 모든 정신적인 내용은 필연적으로 의식의 형식에 묶여 있고 따라서 사건의 형식에도 묶여 있다. 정신적인 내용은 자신을 시간 속에서 만들어내는 한 존재하며, 다른 새로운 공간을 형성하기 위해 곧 다시 사라져버림으로써만 만들어질 수 있는 것처럼 보인다. 그렇게 모든 의식은 헤라클레이토스의 생성의 법칙 아래 놓여 있다. 자연의 사물은 어쨌든 객관적이고 실재적인 존재 속에서 확고한 '존속'을, 상대적인 지속성을 보여주고 싶어 한다. 의식은 그 고유한 성질 때문에 이런 확고한 지속을 허용하지 않는다. 의식은 과정이라는 존재와 자유로운 활동 외에 다른 어떤 것도 소유하지 않는다. 그리고 과정에서 진실로 똑같은 구성 요소가 결코 되풀이되지 않는다. 여기서는 오로지 끊임없는 흐름만이 있다. 살아 있는 흐름, 그 안에서 확정된 형상은 모두 그것을 얻자마자 다시 용해되어야만 한다. 바로 이것이 고유한 이율배반, 의식 자체의 내재적인 모순을 나타내는 것이다. 의식은 시간 형식에서 해방될 수 없다. 왜냐하면 의식의 특징적인 본질이 시간 형식에 들어 있고 시간 형식에 바탕을 두고 있기 때문이다. 다른 한편 이 형식 속에서 내용이 생성될 entstehen 뿐만 아니라 소생한다erstehen. 단순한 되어감에서 하나의 구성체, 하나의 형태, 하나의 '본질Eidos'이 어렵게 빠져나와야 하는 것이다. 어떻게 이 모순적인 두 요구가 서로 조화되고 화해할 수 있을까? 어떻게 그 순간이, 그 시점이 시간적인 찰나의 성질을 잃지 않고 고정될 수 있을까? 어떻게 개별자는, 즉 지금 이 순간 의식에 주어진 것은, 보편적 내용이라는 정신적인 '의미'가 개별자 자신 속에서 드러날 수 있도록 자신의 특별한 고유성을 규정할 수 있을까?

여기 우리 앞에 펼쳐진 개별과 보편의 심연은 넘어설 수 없는 것처럼 보인다. 그 대립을 가장 날카로운 추상적 공식으로 표현하려고 시도하자마자 그 대립은 제거할 수 없는 것으로 나타난다. 그러나 정신 활동 속에서는 이 심연이 지속적으로 메워지는 기적이 일어난다. 곧 일반적인 것이 특수한 것과 동시에 정신적인 중심에서 만나고 특수한 것과 더불어 진실하고 구체적인 통일성으로 나아가는 것이다. 이 과정은 우리 주위 곳곳에서 나타나며 거기서 의식은 단순히 감각적인 내용을 소유하는 것에 만족하지 않고 그 내용을 자신에게서 만들어낸다. 이 산출의 힘은 단순한 감각 내용과 인지 내용을 상징적 내용으로 형성하는 힘이다. 여기에서 형상은 단순히 외부에서 지각된 것 그대로가 아니다. 곧 형상은 자유로운 형성이라는 기본 원칙이 지배하는 내부에서 형성되는 것이다. 이것이 우리가 각각의 '상징형식'을 통해, 곧 언어와 신화 그리고 예술을 통해 수행하고 있다고 보는 성과다. 이 형식들은 각각 감각적인 것에서 출발할 뿐만 아니라 계속해서 감각적인 테두리 안에 속해 있다. 하나하나의 형식은 감각적 소재에 대항하지 않고 그 자체 속에서 살고 또 활동한다. 추상적이고 형이상학적으로 관찰할 때는 거의 화해할 수 없는 것처럼 보이던 대립이 합일을 이루는 것이다. 그렇게 언어 속에서 개념들의 의미 내용, 말하자면 보편적이고 고정적이어야 하는 무엇인가가 소리의 사라져버리는 요소에 위임된다. 그 소리 요소는 항상 되어가는 것이지 존재하는 것이 아니라는 것 외에는 다른 어떤 것도 유효하지 않다. 이러한 일과성(一過性) 자체는 사고에 의해 소리를 자유롭게 형상화하기 위한 도구와 수단으로 나타난다. 이러한 활동성과 운동성 속에서 소리는 결국 각각의 기호에 고정되어 머물러 있는 몸짓 언어와는 반대로 사유적인 것의 표현일 뿐만 아니라 사고 자체의 내적 운동의 표현이 된다. 밖에서 밀고 들어온 것처럼 보이는 인상을 우리가 단지 칠판 위의 죽은 형상처럼 관찰하는 것이 아니라, 단어의 소리로 형성하는 동안 새롭고 다양한 삶이 인상 속에서 깨어나는 것이다. 이제 밖에서 주어진 인상은 자신의 특징인 차별과 분리를 통해 새롭고 풍부한 내용을 얻는다. 소리 기호는 의식 속에 이미 들어 있는 그런 차이에 대한 단순한 모사가 아니라 표상 자체의 내적 조합의 수단이자 조건이다. 소리를 냄은 사유의 완결된 표현일 뿐만 아니라 사유의 표현 자체에 길을 제시한다. 형식 형성에서 감각적 요소와 정신적 요소의 불가분성은 미학적인 형식 세계를 수립하는 데서 더욱 명료하게 드러난다. 공간 형식을 미학적으로 파악하는 것은 감각적인 기본 정서에 뿌리를 내리고 있고, 곧 비례와 대칭에 대한 느낌은 우리 자신의 몸의 느낌으로 직접 환원될 수도 있다. 그러나 다른 한편 오로지 우리가 이런 형식들을 우리 자신 속에서 만들어낼 수 있고 이러한 제작의 법칙을 의식할 수 있기 때문에 진정으로 공간 형식을 이해하고 조형이나 건축을 관조할 수 있다.

(4) 언어형식의 형성 방법

각각의 형식 가치를 내적으로 형성하는 방법에서 우리는 삼중 단계[8]를 구별해낼 수 있다. 기호는 항상 기호화된 것에 가깝게 자신을 다듬어가는 동시에 기호화된 것을 자신 속에 수용하고 그것을 가능한 한 정확하고 완전하게 재현하고자 한다. 우리가 언어를 점점 더 그 원천으로 추적해갈수록 언어는 점점 더 풍부하게 원래의 소리 묘사와 소리 은유가 되는 것처럼 보인다. 철학이론이 오랫동안 여기서 언어의 기원에 대한 직접적인 설명을 얻어낼 수 있다고 믿었던 것은 놀라운 일이 아니다. 의성어적 언어기원론은, 이미 스토아학파에서 체계적으로 완성되었고, 18세기에 비코Giambattista Vico를 통해 알게 된 독창적이고 특이한 형성 과정 속에서 근대와 현대 언어이론의 초기까지 관철되었다. 오늘날 헤르더와 훔볼트에 의해 언어이론이 비판적으로 새롭게 논증된 이후, 언어 형성의 비밀이 이 의성어적 언어기원론의 지점에서 손에 잡힐 듯 분명해지리라는 믿음은 극복되었다고 봐도 좋다. 다른 한편 언어의 역사를 보면 언어의 고유한 원칙은 소리를 묘사하는 데는 그다지 드러나지 않은 반면, 언어 형성에 함께 작용하는 요소로서는 어디서나 효과적이었다는 것이 증명된다. 그래서 경험적 언어 연구에서 많은 비난을 받은 소리 모사 원칙에 대한 최소한의 제한된 명예 회복이 계속해서 시도되어왔다. 대표적으로 헤르만 파울Hermann Paul, 게오르크 쿠르티우스 Georg Curtius와 빌헬름 쉐러Wilhelm Scherer 등이 이런 의미에서 의견을 표명했다. 쉐러는 종종, 아무도 소리와 의미를 원래의 자연적인 관계로 수용하는 것을 동정적인 멸시의 미소로 내려다볼 권리가 없으며, 이 문제를 잘못 해결한 사람이 이 문제를 한 번도 해결해보려 하지 않은 사람보다 백 번 낫다는 지적이 유효하다고 말했다.[9] 우리의 발전된 문명 언어에서 원시 종족의 언어로 시선을 옮겨보면, 훨씬 더 확실하고 폭넓게 이해할 수 있을 것이다. 베스터만Diedrich Westermann이 그의 에베어 문법[10]에서 강조했듯이, 예컨대 에베어에는 받아들인 인상을 소리로 재현하기 위한 수단이 대단히 풍부하다. 이 풍부함은 들은 것, 본 것, 어떻게든 지각된 모든 것을 흉내 내고 하나 또는 여러 개의 소리로 표시하려는, 거의 억제할 수 없는 유희에서 생겨난 풍부함이다. 이것과 유사한 몇 가지 언어, 예를 들면 부사들은 하나의 행위와 하나의 상태 또는 하나의 특성을 묘사하고 거기에 맞게 하나의 동사에 속하고 그 동사와 연결될 수 있다. 베스터만은 간다라는 하나의 동사에 대해 33개나 되는 부사적 소리 묘사들을 보여주었는데, 그 하나하나의 소리 묘사가 바로 간다라는 행위의 각각 특별한 방법과 일정한 분위기와 고유성을 나타내는 것이다.[11] 잘 알다시피 이때 언어 표현은 아직 순수한 모방에서 분리되지 않았으며, 모방적 표현에 비해 더 높은 형태의 보편성을 갖고 있지도 않다. 원시 종족 언어의 모방적 성격은 특히 원시 종족이 공간 관계를 표시하고 정확하게 규정하기 위해 갖고 있는, 예리하게 구분된 표현 형식 속에서 나타난다. 여러 가지 거리의 정도, 그 밖에 이야기되고 있는 대상의 위치와 상태의 명확한 상황은, 여러 가지 모음에 의해, 경우에 따라서는 여러 가지 음높이에 의해, 같은 모음의 다양한 음색에 의해 표시된다. 소리가 어떻게 이 모든 언어 형성 단계에서 감각적 직관의 요소와 직접적으로 융합하는지, 소리가 어떻게 이 직관의 요소 속으로 들어가 그 전체의 구체성과 다양함 속에서 이 요소를 철저하게 이용하려 하는지가 명확히 드러난다.

  직접적으로 흉내 내는 표현과 의성적 또는 모방적 표현 대신 '유사하다'라고 부를 수 있는 다른 표시 방법이 나타나면, 이것은 이미 감각적 직관의 내용으로부터 고유하고 독창적인 언어 형식이 해방됨을 뜻하는 더 큰 진전인 것이다. 이때 소리 속에 고정되고 모방되는 대상의 어떤 개별적인 객관적 성질이 아니라, 소리와 의미 사이에 고정되는 관계가 사고 또는 감정의 주관성을 관통한다. 소리와 소리가 표시하는 것 사이에 사실적으로 보여줄 수 있는 유사성은 더 이상 존재하지 않는다. 그러나 언어 감각에 대한 일정한 소리 형성과 분위기가 이제는 동시에 일정한 자연적 의미 차이를 나타낸다. 단지 '사물'만이 아니라 주관성에 의해 매개된 사물의 인상 또는 주체의 행위 형식이, 소리 속에서 사물의 서술 그리고 어떤 '대응' 방법을 찾아야 하는 것이다. 가장 섬세하고 깊이 있는 언어 전문가의 날카로운 언어 감각이 문화언어 발전의 이전 단계에서 그런 대응을 포착할 수 있다고 종종 간주된다. 예를 들어 야콥 그림Jakob Grimm[12]은 질문과 대답 형식의 의미와 인도게르만어(語)에서 질문과 대답을 뜻하는 단어를 만들기 위해 사용된 소리 사이에 그런 대응이 있음을 보여주고자 했다. 음악적인 음절 소리를 가진 언어, 그러니까 같은 소리의 음절을 고, 중, 저음, 아니면 지속적이거나 올라가거나 내려가는 소리로 구분하는 언어에서는 이런 구별이 때로 어원적 가치를 가질 수 있는데, 즉 단어 의미의 다양성을 표시할 수 있는데, 그것은 그 구별이 언어의 어떤 일정한 형식적 기능을 담당할 수 있을 때이다. 예를 들면 단순한 소리Ton 변화가 부정(否定)을 표시하는 데 쓰일 수 있고, 또는 본질적으로 동일한 두 음절이 다양한 음색에 의해 사물 또는 과정의 표시로, 명사 또는 동사의 표시로 구분될 수 있다. 타동사, 즉 순수하게 능동적인 동사와 행위가 아닌 상태와 수동을 표현하는 동사 사이의 차이는 이런 식으로 나타난다. 이 경우에 그것은 더 이상 감각적으로 인지된 대상의 모방이 아니라 이미 매우 복잡한 사유의 구분이다. 그것은 또한 단어의 일정한 문법적 범주로의 이동이기도 한데, 그 이동은 단어의 음절 소리처럼 그 자체의 순수한 음악적인 원칙에 의해 수행된다. 동일한 단계에서 여전히 반복과 같은 어떤 언어적 수단이 쓰이는 것처럼 보이는데, 이 경우에 마찬가지로 일정한 감각적 울림과 소리 재료가 다중적인 사유 맥락과 의미를 표현하는 데 이용된다. 반복은 처음에는 객관적인 과정에 매우 밀접히 연결되어 있고 이 과정을 그대로 모방하려 한다. 음절의 중첩과 반복은 행동과 과정을 표시하는 데 유용하며, 이 표시는 실제로 그 같은 여러 단계에서 일어난다. 그러나 이때부터 반복은 여전히 희미한 유사성에 따라 반복의 기본 의미와 연관된 내용을 표현하기 위해 계속 확장된다. 반복은, 주어의 경우에는 다수의 형성에, 형용사의 경우에는 상승 형식에 유용하며, 동사의 경우에는 빈도 형식 외에 무엇보다 강조 형식, 나아가 큰 수, 특히 시간적 차이를 표현하는 데 유용하다. 전체 문법 구조가 이 반복의 방법에 의해 지배되는 언어들이 있다. 어떻게 언어가 단순한 의성어적 표현 형식에서 벗어난 뒤에도 여전히 의미 내용을 닮아가려 하는지, 그리고 그 의미 내용에 마치 닿을 듯 따라가려 하는지 이 모든 경우에 명확히 나타난다. 그러나 언어의 가장 높은 단계에서 이런 연관성은 단절된다. 이제 실제적인 모방 형식이 포기되는 대신 의미 기능이 완벽한 독립성을 갖고 나타난다. 언어 형식이 직접적이든 간접적이든 대상 세계를 점점 덜 모사할수록, 언어 형식이 이 세계의 존재와 자신을 점점 덜 동일시할수록, 언어 형식은 좀 더 명확히 자신의 고유한 능력, 자신의 특별한 의미에 이른다. 이제야 언어 형식은 모방적이고 비유적인 표현 대신 상징적 표현의 단계에 이른다. 이 상징적 표현은 대상과의 모든 유사성으로부터 자신을 분리함으로써, 이와 같은 거리 두기와 포기를 통해 새로운 정신적 내용을 획득한다.

(5) 예술형식의 형성 방법
여기서 이 같은 진행 방향을 어떻게 심미적 형식의 세계 구조에서도 볼 수 있는지 개별적으로 추적할 수는 없다. 우리는 처음부터 다른 토대 위에, 말하자면 다른 정신적 차원 위에 서 있다. 하나의 예술 형식은, 원래의 의미상의 직관이 단순한 인상에 매여 있는 상황에서 느슨해지면서, 그것이 완전한 표현으로 해방될 때 비로소 생겨나기 때문이다. 이미 예술적 형성의 첫 번째 시기가 모든 '모방'의 방법으로부터 엄격하게 분리된다. 그런데 이때 더 높은 단계에서도 똑같은 유형 분리가 다시 나타난다. 이때 문제가 되는 것은 물론 시간적 연속, 곧 구체적인 예술적 표현 방법들이 나타난 역사적 순서가 아니라 각각의 발전 단계에 존재하는 예술적 표현의 기본 상황들이며, 이 기본 상황들의 다양한 관계와 역동성은 각 시기의 양식에 결정적인 영향을 미친다. 괴테는 자신의 미학적인 기본 관점의 전체를 정리한 한 논문에서 이해와 서술 형식을 세 가지로 구별하고 있는데, 그것은 "자연의 단순한 모방Nachahmung", "고정된 기법Manier", "양식Stil"이다. 모방은 예술가의 눈앞에 있는 대상의 구체적인 감각적 성질을 충실하게 지키려는 시도다. 그런데 객체에 충실하다는 것은 동시에 그 객체에 제한되는 것이기도 하다. 제한된 대상은 제한된 방식으로 제한된 수단으로 재현된다. 두 번째 단계에서는 주어진 인상에 대한 수동성이 사라진다. 곧 객체의 단순한 성질뿐 아니라 화자의 정신도 드러나는 고유한 형식 언어가 생겨난다. 대상, 곧 모델은 예술가의 형상화하는 힘에 대립해 있으나 예술가는 대상을 더 이상 총체적으로 이해하거나 비워내려 하지 않는다. 오히려 대상에서 각각의 독특한 성질을 끌어내고 그 개별적 성질에 본래의 예술적 본질의 성격을 부여한다. 개별적이고 그래서 우연적인 예술가의 성향에 기초한 형식이나 표현의 힘보다 훨씬 더 높은 형식과 더 높은 표현의 힘이 존재한다. 예술가의 주관성이 고정된 기법을 만들어낼 때, 예술의 주관성은 모든 예술이 순수하게 그 자체의 표현 수단에서 이끌어낼 수 있는 것, 곧 양식을 만들어낸다. 그러므로 이 양식은 객관성의 가장 높은 표현인 것이다. 그러나 그것은 더 이상 존재의 단순한 객관성이 아니라 예술적 정신의 객관성이다. 그것은 형상의 속성이 아니라, 형상 속에 나타난 형성의 자유로운 동시에 규칙적인 성질이다. "단순한 모방이 평온한 현존재와 사랑스런 존재의 현현에 바탕을 두고 있고, 고정된 기법이 현상을 가벼운 감정으로 파악하듯이, 그렇게 양식은 볼 수 있고 잡을 수 있는 형태를 이해하는 것이 우리에게 허락되어 있는 한 인식의 가장 깊은 토대 위에, 사물의 본질 위에 놓여 있다." 언어 형식의 관찰을 되돌아보면 우리는 이런 차이를 보편적 관련성에 속하는 것으로 인식하고 있다. 언어가 그 길을 통과했듯이 예술은 모방에서 순수 상징에 이르는 길을 통과해야 하며 오직 그 길 위에서만 예술의 '양식'이 언어의 양식처럼 얻어지는 것이다. 양식은 발전 과정에 놓인 유사 법칙성이고, 정신적 표현의 자발성으로 전개되어가는 것과 동일한 종류의 규칙적 운동이며, 어디서나 유효한 것으로 드러난다.

(6) 과학형식의 형성 방법

괴테의 양식에 대한 정의는 동시에 다른 문제 영역도 제시하고 있는데, 여기에서 양식이란 개념이 인식 개념과 연관되어 있기 때문이다. 그래서 우리는 인식도, 곧 논리적이고 지적인 기능의 발전도, 자연적 존재에서 정신적 존재에 이르는 모든 유형의 진보에 해당하는 조건 아래 놓여 있음을 상기하게 된다. 감각적 지각과 인지로 시작되는 인식은, 사물과 '실제적인 것'으로 향함으로써, 그 사물과 실재를 자신 안에 수용하는 동시에 의식의 영역으로 넘어간다. 감각주의 인식론이 고대 철학에서 발견했던 최초의 그리고 여러 관점에서 고전적인 교육은 이런 과정을 여전히 매우 감각적이고 질료적인 방법으로 서술한다. 주체와 객체를 연결하는 형상들, 곧 비물질적 형태들εἴδωλα은 내 안으로, 영혼 속으로 밀고 들어오기 위해 사물에서 떨어져 나온 물질적인 부분들이다. 아리스토텔레스적 인식론과 스토아적 인식론은 인식과 대상의 관계에 주어져 있는 표현을 계속 개선하려 한다. 아리스토텔레스에게 그것은 대상의 재료가 아니라, 감각 작용에서 영혼으로 넘어가는 순수한 형식이다. 밀랍이 인장 반지의 형태는 받아들이지만 반지의 질료인 금이나 철을 받아들이지 못하는 것과 같다. 스토아학파에서는 크리시포스Chrysipp[13]의 형태τύπωσις라는 전문 용어는 차이(種差)ἑτεροίωσις라는 일반적인 용어로 대체된다. 대상은 인지 과정에서 영혼 속에 각인되는 것이 아니라, 단지 변화가 생기는 것이며, 이 변화에 근거하여 대상의 존재와 질적 상태를 판단한다. 이렇듯 고대와 중세 철학이 모사이론의 지성화와 세련화에 몰두했다면, 스콜라 철학은 '*지적 형상*species intelligibilis'을 '*감각적 형상*species sensibilis'으로부터 구별해 내려고 했다. 그렇게 '형상Species'이라는 추상적 개념 자체에 형상이 가진 오래된 감각적 근본 의미가 지속적으로 살아 있었다. 아리스토텔레스적이고 스콜라적인 상(像) 개념 그리고 그와 연관된 인식이론을 결정적으로 극복하기 위해서는 근대 관념론의 새로운 사고 형식이 필요하다. 그러나 다른 한편 대상이 인식되기 위해 어떤 방식으로든 의식 속에 들어가야 하며 대상이 의식에서 전체로나 부분적으로 모사되어야 한다는 전제가 너무 확고하고 고집스럽게 유지되어 왔기 때문에 이 전제가 깨어지고 난 지금은 대상의 인식 가능성마저 점점 더 문제가 될 위험에 처했다. 데카르트나 라이프니츠의 관념주의는 인식의 객관적 통용성의 기준을 인식의 순수 형식과 *사고*cogitatio와 *지성 자체*intellectus ipse의 형식 속으로 옮겨놓는 시도만 했을 뿐이다. 이 관념주의는 모사이론의 독단적 전제를 고수했던 사람들에게는 만족스럽지 못한 회의적인 결론을 포함하고 있었다. 칸트에게도 이론의 중점은, 새로운 긍정적인 기본 통찰이 아니라 오히려 그 이론이 부정적 결과를 포함하는 것에 있는 것처럼 보였다. 칸트의 핵심적 사고는 인식의 진정한 객관성이 어떻게 정신의 자유로운 자발성에 기초하고 그 안에서 확실해지는가를 증명하는 것이기보다는, '물 자체Ding an sich'의 인식 불가능성에 머물렀다. 그럼에도 여기서 '물 자체'의 인식을 한 번에 끊어버린 그 날카로운 단면은 오히려 물 자체의 인식이 그 인식의 확고한 근거를 자신 속에서 발견했다는 사실에 대한 다른 표현일 뿐이다. 헤겔에 따르자면, '물 자체'는 '무가치한 추상화caput mortuum der Abstraktion'일 뿐이다. 곧 인식이 방향 지어질 수도 없고 더 이상 방향 지어질 필요도 없는 목표의 부정적 표현일 뿐이다——그러나 동시에 이 부정은 새롭고 독특한 관점을 포함하고 있는데, 인식을 그 형식 안에 그리고 그 형식 법칙의 중심에 놓는 것을 포함하고 있다는 것이다.

우리가 인식을 단지 가장 일반적인 규정에 따라서만 고찰하는 것이 아니라 그 특수성Besonderung에서 고찰할 때, 인식의 철학적 개념뿐만 아니라 이 개념의 형성과 개별 학문의 구체적 형태를 주시할 때, 동일한 유형의 전환이 일어난다. 각각의 개별 학문은 발전 과정에서 점점 더 세련되고 고유한 개념 도구를 창안해내고 그와 동시에 점점 더 개념 수단을 그 자체로, 지적 상징으로 이해하는 법을 배운다. 수학의 역사는 이 과정에 대한 증거를 끊임없이 제공한다. 기하학도 경험적 측정에서 시작되었는지 모른다. 숫자도 처음에는 인간의 사고에 사물의 개수(數)로서 나타난다. 그러나 수학의 진보와 엄밀한 학문으로의 발전은 이 시작으로부터 그리고 이 시작과 관련된 구속과 제한으로부터 점점 더 자유로워진다는 데 그 본질이 있다. 정수 개념이 분수 개념으로 확장되면, 이 확장은 사물 세계의 실재 과정과 구체적인 대상을 분해해서 그 대응물을 갖게 될 것이다. 고대 수학에서 사물을 세는 것으로서의 수라는 이름을 좌절시킨 무리수das Irrationale가 수 형식의 하나로 인정받게 되고, 양수 외에 음수가 등장하면, 이 모든 것이 공간적 크기와 크기의 비례에 대한 관조에 의거하여 직접적으로 증명될 수 있다. 그러나 순수한 수 개념은 점점 더 사물의 관조와 같은 공간적인 관조로부터 서서히 분리되려고 했다. 현대 수학에서는 데데킨트Richard Dedekind 이후 수의 체계를 '정신의 자유로운 창조'의 체계로 이해하려는, 즉 수의 원래 체계에 포함되어 있는 법칙 외에 그 어느 다른 법칙에도 종속되지 않는 체계로 수의 세계를 이해하려는 경향이 점점 뚜렷해졌다. 일반적으로 명백한 것은, 그 자체의 발전 과정에서 수학이 획득한 실로 중대한 방법론적 진보가 지속적으로 각각 어떤 형성, 즉 수학적 기호 체계의 지적인 세련화와 매우 밀접하게 연관되어 있고 나아가 구속되어 있다는 것이다. '훌륭한 논리 계산Logistice speciosa'이자 비유적 해석으로서 비에타Vieta에 의해 기초를 이룬 대수학과 라이프니츠가 세운 미적분 계산법이 명확한 증거다. 그런데 라이프니츠에게 그것은 자신의 철학적, 과학적 기본 기획 가운데 하나의 특수한 경우, 곧 하나의 "일반적인 대수의 지표"를 기획하려는 특수한 경우를 의미했을 뿐이다. 더 나아가 수리물리학은 여기서 고찰해본 문제의 관점에서 가장 특징적인 발달을 보여준다. 갈릴레이-뉴턴 역학의 고전적 체계가 물리학의 체계로 통용되는 한, 그 기본 개념이 공간과 시간 개념, 힘과 질량 개념으로 정의될 수 있는 한, 그 개념은 물리학이 응용하는 방식으로 '사물의 성질'과 물리의 실제 성질을 통해 우리에게 강요될 수 있다. 바로 이런 기본 개념의 변형과 개조에 힘입어 역학의 새로운 수립을 꾀하는 순간 이 평가는 뒤집어졌다. 헤르츠Heinrich Hertz는《역학의 원리*Prinzipien der Mechanik*》에서 힘의 개념을 역학의 토대로부터 지워버렸으며, 역학을 오로지 시간, 공간, 질량이라는 세 개의 독립적인 기본 개념을 가지고 구축하는 결정적인 걸음을 처음 내디뎠다. 헤르츠가 바로 이런 시도 속에서 일반적 의미에서 상징 개념에 대한 새로운 원칙적인 명료성을 획득하는 동시에 특별한 의미에서 물리학적 상징론의 방향과 의의를 넘어선 것은 우연이 아니다. 헤르츠는 이렇게 강조했다. "의식적인 자연 인식에서 그 다음으로 중요한, 어떤 의미에서 가장 중요한 과제는 자연 인식이 우리의 현재 행동을 예견에 따라 조정할 수 있도록 미래의 경험을 예견할 수 있게 해준다는 것이다. 우리가 과거로부터 미래를 도출하고, 그럼으로써 획득하려고 한 예견에 이르기 위해 지속적으로 밟는 절차는 다음과 같은 것이다. 곧 우리는 외적 대상의 내적 허상 또는 상징을 만드는데, 형상의 사유 필연적인 결과가 여전히 모사된 대상의 자연 필연적인 결과로 된 형상인 그런 방식으로 허상 또는 상징을 만드는 것이다." 그러니까 이때 대상의 외적 모사의 자리에 대상의 '내적 허상', 수학적-물리학적 상징이 나타난다. 그리고 물리학의 상징에 대한 요구는 이 상징들이 개별적이고 감각적으로 보이는 존재를 모사하라는 것이 아니라, 연결의 힘으로, 형상의 사고 필연적인 결합의 힘으로 경험 전체를 체계적으로 정리하고 지배할 수 있는 그런 방식으로 서로 결합하라는 것이었다. 현대 물리학의 세계상을 들여다보면, 물리학적 인식에 대한 이런 일반적인 견해가 세계상을 위해 얼마나 생산적으로 작용하는

지 알 수 있다. 철학이 오늘날에도 여전히 다양하게 상대성 이론의 결과를 상당 부분 낯설어하고 당황스러워하는 것은 아직까지도 상대성 이론 안에서 형성되어 나오는 물리학적 상징의 고유한 성질을 세련되고 명료하게 이해하지 못했기 때문이다. 철학이 상대성 이론에 사용된 상징을, 예를 들면 리만식 공간이라는 상징을, 직접 주어진 실재에 대한 표현이거나 단순한 허구로 보는 것 외에 다른 방식으로 보지 못하는 한, 철학은 상대성 원리의 방법적 의미와 가치를 이해하지 못한 것이다. 이전에 언급한 괴테식의 삼분법을 상대성 이론의 특성에 적용시켜보면, 상대성 이론은 '자연의 단순한 모방'과는 말할 것도 없이 거리가 매우 멀다. 그러나 마찬가지로 상대성 이론은 자연 관찰의 단순히 우연적인 '고정된 기법'이 아니라, 다른 몇몇 이론들처럼 현대 물리학의 고유한 인식의 '양식'을 표현하고 있다.

2. 상징형식의 다양성

(1) 상징형식의 통일성과 다양성

우리는 이제까지 내적인 형성의 힘을, 미의 세계와 인식의 세계, 신화적 세계와 언어적 세계의 산출에서 입증되는 힘을 본질적으로 통일성으로 보았다. 우리는 그 통일성에서 상징형식 세계의 수립을 관통하는 형식, 말하자면 하나의 일반적 유형학을 산출하려 했다. 개별 형식들의 참된 관계는, 우리가 이런 유형학 안에서 기본 방향의 특이하고도 특별한 성향들을 각각 정리하고 서로서로를 규정하고 제한하려 할 때에야 비로소 나타난다. 형상화의 기능은 어쨌든 최후의 포괄적 통일성으로 생각할 수 있을 것이다. 그러나 형식들의 다양성은, 정신이 정신에 의해 형식 하나하나에서 산출된 형상과 형태의 세계에 준 다양한 관계에 주목하자마자 즉시 다시 등장한다.

 (2) 신화와 종교
  우리가 신화의 단계에 머물러 있다면 정신의 형상 능력은 완전한 풍요로움 속에서, 그 능력을 표현하는 방식의 예측할 수 없는 다양성과 풍부함 속에서 우리에게 다가올 것이다. 그러나 동시에 여기서 형상 세계는 의식의 객관적–물질적인 실재라는 다른 형식을 의미한다. 왜냐하면 의식은 직접적인 감각 인상의 세계와 동일한 구속 속에서 형상의 세계와 마주하기 때문이다. 형상은 그 자체로, 자유로운 정신적 창조물로, 인지되고 인식되는 것이 아니라 독립적인 작용에 귀속된다. 의식을 지배하고 매혹시키는 초자연적인 강제는 형상에서 나오는 것이다. 신화적 의식은 일반적으로 형상과 사물의 무차별성에 의해 결정된다. 작용 방식이 형상과 사물에 공통적이기 때문에 그 둘은 존재 방식에서 서로 분리되지 않는다. 사물의 일반적인 신화적–마술적 연루 관계 속에서의 어떤 물리적인 존재와 동일한 힘이 형상에 속한다. 인간의 형상이나 이름은 여기서 절대로 인간을 재현repräsentiert하는 것이 아니다. 그것은 마술적인 작용 관계라는 관점에서 볼 때, 즉 '실재'의 마술적 개념에 따르면, 인간 자체인 것이다. 머리카락, 손톱 등과 같은 인간의 가장 작은 신체적 부분을 마음대로 하는 사람이 그 힘으로 완전한 인간을 소유하고 지배하는 것처럼, 그와 동일한 지배력을 형상과 이름을 소유함으로써 보장받는다. 객관적인 본질과 기호의 객관적인 힘에 대한 믿음, 단어와 형상, 이름과 글자 마술에 대한 믿음은 신화적 세계관의 기본 요소를 이룬다. 신화적 세계관 내에서도 신화의 세계가 고유한 종교적 세계에 굴복하기 시작하는 정도로 점차 분리와 해방이 일어난다. 모든 종교적 자아의식의 계발은 여기에 시원을 두고 있다. 신화적 환상은 온갖 종교적인 것 때문에 여전히 본질적인 기반과 토양으로 남아 있을지도 모른다. 종교적인 것이 의식적인 노력 속에서 이 기반을 뿌리칠 때 그리고 정신적 비판의 완전히 새로운 힘으로 신화적 형상의 내용에 맞설 때, 비로소 종교적인 것의 고유한 특징적 형식이 만들어진다. 이러한 태도, 이를테면 우상 숭배에 반대하는 투쟁 속에서 이스라엘 예언주의에서의 신의 이념과 형식이 얻어진다. 우상 숭배 금지는 신화적인 의식과 예언적 의식 사이의 경계를 이룬다. 이것이 새로운 유일신적 의식을 구분한다. 유일신적 의식은 형상의 영적, 정신적 힘이 그 자체를 위해 사라져버린 것 같고, 모든 의미와 의미심장함이 순수하게 정신적인 영역으로 물러나 있고 따라서 형상의 존재로부터 텅 빈 물질적 토대만이 남아 있다는 의식이다. 예언적 사고에 속하고 예언적, 종교적 감정을 결정하는 영웅적인 추상화의 힘 앞에서 신화의 형상들은 '순수한 무(無)'가 된다. 그러나 형상들은 이 무의 영역에 지속적으로 갇혀 있지 않다. 예언적 의식은 이 형상들을 무의 영역으로 밀어버리는 것이 아니라 항상 새롭게 형상들이 그 영역에서 나와 하나의 독립적 힘으로 작용하게 한다. 종교적 의식의 과정과 전개 속에서 종교적 상징은 종교적 힘과 동시에 작용의 지지자로 이해된다. 초기에 이미 상징 개념이 신성함, 신비성 개념과 혼용된다는 것은 기독교적 독단에서 루터Martin Luther와 츠빙글리Huldrych Zwingli의 프로테스탄티즘까지의 전체 발전에 결정적인 의미를 갖는다. 예를 들면 하르나크Adolf von Harnack는 원시 시대의 신앙을 이렇게 서술한다. "상징적인 것은 원시 시대에는 객관적인 것이나 실재적인 것의 반대물이 아니라, 자연적인 것, 세속적으로 명료한 것이 맞서 있는 비밀스러운 것, 신의 영험 Gottgewirkte(μυστήριον)으로 생각할 수 있다."[14] 물론 여기서도 형상 자체와 형상이 표현해내려는 정신적인 무형상의 진리가 계속 분리돼나간다. 종교적인 것 자체 속에 있는 동기들의 투쟁이 끝날 수 없는 이유는 종교적인 것의 성질 속에 있다. 단순히 형상적인 것에서 떨어져 나오려는 계속적인 시도와 형상적인 것으로 돌아가려는 끊임없는 필요성이, 역사 속에서 일어났던 대로, 종교적인 발전 과정의 근본 요인을 이루기 때문이다.

 (3) 예술
 신화적, 종교적 고찰에서 심미적 고찰로 관심을 돌리면 새로운 이해의 자유가 얻어진다. 심미적 고찰은 본래 정신이 형상의 전체 영역과 새로운 관계를 맺기 시작하면서 이루어지고 존속한다. 예술은 물론 바로 그 대단한 성과로 신화적 세계관과 가장 밀접하게 연관되어 있다. 이와 관련하여 셸링이《신화철학서설*Einleitung in die Philosophie der Mythologie*》에서 말했듯이 "인도나 이집트의 기념물 같은 작품들은 종유석 동굴처럼 단순히 시간의 경과로만 생겨나는 것이 아니다. 부분적으로 어마어마한 신화론의 상상을 내적으로 만들어냈던 것과 같은 위력이 밖을 향해 용감하게 발휘되었고, 후대의 모든 척도를 넘어서는 예술의 시도들을 가져왔다. 인간의 의식을 신화론적 상상 속에서 실재의 한계를 넘어 이끌어내는 위력은 또한 예술 분야에서 위대함과 의미심장함의 첫 번째 교사였다." 여기서 일반적이고 사변적인 확신에서 말해진 바가 예술사와 신화사 영역에서의 경험적 연구를 완전히 뒷받침했다. 예술과 신화의 내용이 서로를 침투함에도 불구하고 양쪽의 형식은 명확히 구분되어 있다. 신화적이고 종교적인 의식 속에는, 한편으로 형상과 형상의 의미 내용 사이의 완전한 무차별이 존재하고, 다른 한편 둘 사이의 지속적인 긴장이 존재한다. 관념적인 내용은 형상 내용에 녹아들어 그 속에 흡사 가라앉자마자 곧바로 끊임없이 새로이 자신의 영향력 아래 놓여 있기 위해서 감각적-형상적인 표현으로부터 자유로워지려 한다. 세계를 예술적으로 이해하고 형상화하면서 일어나는 동기들의 충돌과 싸움의 자리에 순수한 균형이 생긴다. 신화적 종교적 의식의 삶이 저 대립에 놓여 있다면 이런 균형에는 심미적 삶이 놓여 있다. 예술적 관조는 형상 속에 표현되고 서술된 것을 통해 나타나는 것이 아니다. 그것은 형상 자체의 순수한 형식 속에 침잠하고 그 안에서 존속한다. 마술적–신화적 세계관이 인간을 가둬놓은 영향받음과 작용당함의 세계로부터 형상은 결정적으로 분리된다. 형상이 원인과 결과의 고리에서 분리됨으로써, 즉 수행하는 것에 따라서가 아니라 관념적 내용에 기대어 자신 안에 파악한 것으로만 받아들여짐으로써, 형상은 작용들의 상호 간섭에 의해 결정되는 존재의 테두리에서 벗어난다. 형상은 형상 속에 서술된 '허상Schein'의 세계이기는 하나, 그 허상은 자신의 필연성과 진리를 지니고 있는 허상이다.

　다른 의미에서 예술은 정신의 다른 영역, 곧 상징 형성의 다른 방향에서 요구되는 것을 충족하는 것으로 나타난다. 우리는 언어적 표현이 감각적 대상과 인상에서 거리를 두기 위해 그 두 가지와 가장 가까운 데서 시작하는 것을 언어 표현의 일반적인 법칙으로 증명하려 했다. 단어는 점점 단순한 소리로 된 그림Lautbild이 되기를 그친다. 단어의 순수한 의미는 감각으로 파악할 수 있는 상황에서 독립된다. 언어 발달의 정점에는 이런 분리가 최종적으로 진행되어 있다. 둘 사이의 어떤 '자연적인' 유사성이라는 버팀목도 더 이상 필요로 하지 않으면서 소리의 의미에 대한 순수한 관계가 독립적으로 나타나는 것이다. 객관적 규정과 객관적 전달이라는 의미에서, 언어가 순수한 개념 표현으로만 사용되는 것이 아니라, 내면성의 순수한 거울이 되기 위해 언어를 산출한 주체의 내면성으로 되돌아간다면 일거에 매우 새로운 관계가 시작된다. 시 언어에서는 추상적인 개념 표현뿐만 아니라 모든 단어가 소리가

(價)와 감정가(價)를 갖는다. 이것은 일정한 의미 내용을 표현하는 일반적인 수행에서만 일어나는 것이 아니다. 그 외에 단어는 소리Klang와 음Ton으로서 자립적인 삶, 고유한 존재와 고유한 의미를 갖는다. 소리는 최고로 확실한 객관적 서술 가운데에 그 내적 함축성을 보존한다. 구체적인 묘사 자체는, 순수하고 직접적인 현재의 형식 속으로 돌아가기 위해, 단순히 수단적인 모든 것, 대표적이고 의미 있는 모든 것을 벗어버린다. 진실로 완성된 시적 표현의 비밀은 감각적인 것과 정신적인 것이 그 표현을 통해 더 이상 서로 대항하지 않게 된다는 데 있다. 단순한 기호의 경직된 성향은 모두 와해되고, 모든 단어는 그 단어에 고유한 개별적 내용으로 다시 채워짐으로써 내적 감동과 감정의 순수한 역동성이 표현된다. 예컨대 독일 시 가운데 횔덜린Friedrich Hölderlin의 절정의 작품과 같은 최고의 서정적 예술 작품들이 이런 이중 짜임새, 곧 완결된 문체와 딱 맞는 감성적 분위기와 리듬을 만들어낸 완결된 정신성을 가장 잘 보여준다. 이런 종류의 창조 앞에서 어떤 감정이 우리를 엄습한다. 하만Johann Georg Hamann이 "시는 인간이라는 종(種)의 모국어"라 말할 때의 그 감정이다. 그러나 여기서는 원초적 기반, 언어 창조의 최초의 역사적 시원으로의 회귀가 일어나는 것이 아니라, 언어형식이 시의 형식에 감화됨으로써 새로운 내용 자체를 얻는다. 단순한 모방으로서의 소리 또는 감정의 소리 단계를 이미 지나온 것이다. 의성어는 때때로 협소하게 제한된 테두리 안에서 일정한 시적 개별 작용에 이용될 수 있으나 언어적 표현의 본질처

럼 서정적 표현의 본질에 들어갈 수는 없다. 소리는 결코 개별적인 것, 감각적 인상의 특별한 것과 우연적인 것을 그려내는 것이 아니라 순수하게 자신 속에서 울려나온다. 그리고 다른 외적인 것을 향해 있는 것이 아니라 순수하게 서로 조화를 이루는 울림들의 전체가 비로소 심미적 정취를 통일하기에 이르는 것이다. 그래서 겉보기에 직접적인 것으로 되돌아가는 것은 오히려 이중적 매개의 결과이며, 이 매개에 언어적 형식과 시적 형식이 각각 특별하고 고유한 방식으로 참여한다.

(4) 신화적 의식과 과학적 인식의 관계

일반적으로 '상징형식'에 대한 철학적 고찰은 결코 개별 상징형식을 모두 일정한 정신적 구조와 특정한 표현 수단으로 서술하는 것에 머물러 있을 수 없고 오히려 이 형식들의 상호관계를 규정하는 것을 더 중요한 과제로 삼는다. 이 관계는 상징형식들의 대립만큼 대응에서도, 반발만큼 흡인력에서도 형성된다. 이 같은 방식의 고찰에서 일어나는 문제의 범위 내에서 개별적인 문제를 하나 더 들어보겠다. 신화적인 세계 해석과 과학적인 세계 해석을 비교해보면, 이 두 가지는 한편에서는 사고의 최고 객관적 결정성에 의해, 다른 한편에서는 단순한 환상적 기분과 개인적 자의가 통용되는 것에 의해 구분되는 것이 아님을 알 수 있다. 신화도 내적으로 완결된 형식을 가지며, 형성 과정에서는 온갖 모순으로 가득 차 있음에도 불구하고 형성 자체에서는 일정한 법칙을 보여준다. 적어도 이 신화 형식은 전적으로 환상이나 단순한 감정을 자극해서 생겨나는 것이 아니고, 그 밖에 매우 확실하고 지적인 계기를 포함하고 있다. 신화적 사고는 논리적-과학적 사고와 마찬가지로 자신의 '범주'를 가지고 있다. 무엇보다 기본적이고 지배적인 범주는 신화적 사고 속에서도 유효하게 증명되는 인과성의 범주다. 신화에서 인과성의 일반적 개념, 곧 '원인'과 '결과'라는 단순한 관계의 사고가 절대로 부족하지 않다는 사실은, 세계를 구분하여 '설명'하려는 지속적인 경향 속에서 뚜렷이 드러난다. 우주진화론과 신의 계보학은 신화적 세계의 전체를 규정한다. 어떤 개별적 사물, 곧 해와 달, 인간 또는 동물과 식물 종(種)의 신화적 '발생'을 증명하는 수많은 신화적 이야기는 하위 단계에서도 이런 기본 성향이 얼마나 깊이 신화적 사고 속에 뿌리박혀 있는지를 보여준다. 따라서 이 같은 인과성의 형식이 아니라 인과성의 특별한 방향과 형태가 존재하는 것이며, 그것이 존재와 생성의 신화적 개념을 과학적 개념과 원칙적으로 구분 짓는 것이다. 왜냐하면 신화는 아직도 인과적 사고에 머물러 있고, 특히 신화적 사고를 특징짓고 결정하는 '복합적 사고' 형식에 묶여 있기 때문이다. 신화는 사물들의 모든 단순한 유사성 또는 우연한 동시성, 공간에서의 인접성과 시간 속에서의 스침만으로도 사물들을 서로 작용하는 마술적 통합으로 묶어내기에 충분하다. 모든 '비유마술'이 전형적인 예다. 비유마술이라는 이름은 물론 이런 사실을 명료하게 하기보다 도리어 흐리게 한다. 왜냐하면 바로 이것이 신화적 이해에 대한 특징이며, 우리가 두 개의 서로 다른 독립적인 요소 사이에 생기는 단순한 '유사', 유사성의 단순한 관계를 보는 그 지점에서 신화적 이해는 사실 진실로 유일한 사물을 보기 때문이다. 신화적 이해는 상이한 특성을 발생의 유사성에 따라 분리하는 것이 아니라, 모든 유사성을 동일한 본질의 직접적 표현이라고 본다. 이는 공간적 인접성과 시간적 공통성의 관계에도 마찬가지로 통한다. 한번 공간과 시간에 같이 나타난 것은 신화적-마술적 통일을 향해 자라난다. 프로이스K. Th. Preuß는 신화적 사고가 지닌 이런 형태의 특징을 그려냈다. "개별적 객체가 마술적 관심을 불러일으키자마자 개별적 객체는 결코 홀로 분리되어 관찰될 수 없고, 개별적 객체가 동일시할 수 있는 다른 객체들까지 포함한다. 그래서 외부의 현상은 일종의 포장, 곧 하나의 가면을 만든다."[15]

바로 여기서 인과성의 과학적 개념은 신화적 개념으로부터 분리된다. 이 과학적 개념은 흄David Hume과 그의 심리주의적 이론을 반복했던 모든 사람들의 노력에도 불구하고 '연상'의 성향과 충동에서 생기는 것, 즉 *이전post hoc*과 *이후juxta hoc*를 *이 때문propter hoc*으로 변화시키는 주관적 상상력이 지배하는 데서 생기는 것이 아니기 때문이다. 좀 더 면밀하게 관찰해보면 과학적 개념은 바로 그것과 상반되는 정신적 행태에 바탕을 두고 있음을 알 수 있다. 그것은 과학적인 인과 판단을 가능하게 하고 그것을 확고하게 지지해주는 분석이라는 사유의 힘이다. 신화가 복합적 전체로서의 어떤 사물을 다른 하나의 사물에서 생기게 한다면, 과학적 인과 판단은 엄격히 말해 원인과 결과의 관계를 더 이상 그런 직접적인 사물 관계로 이해하지 않는다. 그것은 복합적이고 감각적으로 주어진 전체로서의 사물이 아니라 인과 관계 속에서 나타난 변화인 것이다. 모든 인과적 경과는 한 과정의 전체로 나타난다. 이 과정은 점점 더 정확하고 명료하게 부분 단계들과 부분 조건들로 분해된다. 이러한 분해는 요소들을 만들어내고 이러한 요소들 사이에서 인과 관계를 말할 수 있다. 어떤 현상 a가 다른 현상 β의 원인이 되는 것은, 관찰할 때 두 현상이 여러 번 함께 나타나고, 그래서 앞으로 동시에 일어날 사건이 심리적인 강제에 근거해 기대되기 때문이 아니다. a라는 현상 전체에서 x라는 상황이, β라는 현상 전체에서 γ라는 상황이 나올 수 있고, 이때 x와 γ는 어떤 것에서 다른 어떤 것으로의 변화가 일반적 규칙에 따라 결정되어지는 방식으로 나타난다. 수리물리학의 근본이념에 따르면, 이 규칙은 명확하게 규정되고 실제로 보편적으로 나타나는데, 이는 이 규칙이 x와 γ를 크기로 파악하는 것이 가능할 때, 그 크기의 변화가 일정한 척도하에 놓여 있고 이 척도 속에서 척도의 가치를 서로 제한할 때에만 나타난다. 규칙의 일정한 결합을 '이해가능하고' 필연적으로 나타나게 하는 형식과 규칙이 파악하는 크기는 현상의 인지된 내용 속에서 직접적으로 발견되는 것이 아니라, 먼저 관념적으로 현상의 내용에 하부 구조가 되고 토대가 되어야 한다. 감각적으로 주어진 것은 우리의 인과적 추론 형식에 의해 추진되고 관통되며 이해 자체의 이러한 분석과 종합에 힘입어 새로운 형태를 받아들인다. 이전에 밀접하게 나란히 놓여 있던 것, 질적인 유사성이나 공간적, 시간적 인접으

로 매우 긴밀하게 서로 연결되어 있는 것처럼 보이던 것은
이제 멀리 움직일 수 있다. 다른 한편 직접적 관찰로는 서로
관련이 없어 보이는 현상들이 관념적 분석을 토대로 하나의
법칙에 종속되고, 그러는 한 본질적으로 유사한 것으로 판
명된다. 그래서 신화의 사고방식이 원인과 결과의 관련 부
분들을 어디서나 파악할 수 있다고 간주되는 반면, 과학적
사고에는 상당히 복잡하고, 분리하고 가르는, 관련 부분들
쪽에 집중되어 있는, 정신의 고유한 '비판' 작업이 있다. 이
러한 비판적 작업을 통해 개별적 내용이 단순히 경험적으로
병렬되어 있는 자리로 점점 더 상세한 하위 분류와 상위 분
류가 들어선다. 단순한 '현존재'와 그것의 개별적 특성은 점
점 더 결정적으로 '원인'과 '결과'라는 일반적 연관성으로 변
해간다. 일반적인 법칙에 따라 이러한 분리 대신 더욱더 확
고해지는 결합을 얻어내기 위해, 과학은 끊임없이 사물의 단
순한 '현존재'의 요소들을 분리한다. 이처럼 과학은 '존재'의
요소들을 과학이 추구하는 가장 높은 지적 목표가 최상으
로 완벽하게 성취되는 상태로 만들고, 그 요소들을 서로 그
렇게 연관 지으려 한다. 인식 세계의 연관 관계는 다른 차원
에서, 다른 방식으로 다시 생겨나기 위해, 곧 새로운 정신적
형식 아래 속하기 위해 해체된다. 구체적인 예를 들어보자.
아래로 떨어지는 돌의 현상과 달의 움직임의 현상, 조수 간
만의 현상처럼 감각적으로 서로 멀리 떨어져 있는 현상들
이 뉴턴 이후로 우리에게 동일한 물리적 개념에 속하게 되
었다. 다른 한편 물리적 개념의 정의에서 특별히 감각적인

요소를 억제하던 것이, 원래 일정한 감각적 인식에 편입됨으로써 완전한 통일성을 가졌다는 물리학 영역이 이론적으로 이제 완전히 분리된 다양한 부분들로 분해될 정도로 진행되었다. 막스 플랑크Max Planck는 다음과 같이 강조했다. "예를 들어 열(熱)이 일찍이 열감(熱感)을 인지함으로써 특징지어진 일정하고 또 제한된 통일적인 물리학의 영역을 형성했다면, 오늘날은 전체 영역이, 곧 열복사(熱輻射)가 물리학에서 분리되어 광학에서 다루어지고 있다. 열감 능력의 의미는 이질적인 부분들을 결속시키는 데 더 이상 충분하지 않다. 오히려 이제는 광학이나 전기역학의 한 부분이 되었고, 역학의 또 다른 한 부분은 특히 재료의 동력학이론에 속하게 되었다."[16]

(5) 신화적인 것과 논리적인 것을 매개하는 언어

여기서도 언어는 두 가지 행위에 참여함으로써, 다시 말해 신화의 순간과 논리의 순간에 연관됨으로써 두 극단 사이로 나아가고 두 극단 사이에서 정신적 매개를 산출해낸다. '복합적' 사유의 고유성은 동화적 언어 유형, 또는 포합어(抱合語) 유형으로 불리는 언어 유형에서 가장 명확하게 드러난다. 이런 언어의 본질적인 특성은, 알려진 대로, 그 언어 속 단어와 문장 사이에 명확한 경계가 없다는 데 있다. 문장의 단일성은 비교적 독립적인 단어의 단일성으로 나누어져 있지 않고, 전체 과정이나 구체적 상황 전체에 대한 언어 표현은 유난히 복잡한 구조의 한 단어에 집결시키려는 경향이 있다. 훔볼트는 이 과정을 멕시코 언어에 비추어 설명하고 그 과정의 정신적 기본 방향을 찾아 밝히려 했던 최초의 사람 가운데 한 사람이었다. 훔볼트는 이 언어 형식에 분명 고유한 상상의 방식이 놓여 있다고 강조했다. 이 상상의 방식이란 문장은 구성되는 것이 아니라, 즉 부분에 의해 점차 만들어지는 것이 아니라, 단일한 형식이 단 한 번에 주어진다는 것이다. 전적으로 완결되고 통일된 것처럼 보이는 이 형식은, 아직 미분화된 형식이라는 점에서 진정한 종합적 통일성과는 멀다. 종합이란 순수한 사상적 의미에 따라 분석의 반대가 아니라, 오히려 이 분석을 전제로 하고, 필요불가결한 계기로서 분석을 자신 안에 포함하고 있다. 통합의 힘은 분류의 힘에 근거한다. 분류가 명확할수록 통합은 더 확고하고 강력해진다. 반대로 언어의 '포합' 과정에서 단어의 단일성은, 이런 의미에서 명백히 분리된 의미 요소들이 언어적 의미 전체로 향하는 결집이 아니라, 기본적으로 개별적 규정들이 차이 없이 병렬적으로 놓여 있고 서로 융합하는 덩어리일 뿐이다. 동사적 표현, 곧 하나의 과정이나 행위의 질적인 고유성에 대한 표현 외에 단어 전체 속에 행위와 과정의 우연한 부수적 규정이 모두 표현되는 것이다. 이런 변화는 주요 개념 표시와 함께 녹아들고 동시에 완전히 주요 개념과 함께 성장한다. 그래서 장소와 시간과 개별적 방식과 행위의 방향에 대한 특별한 상황은 모두 활동의 언어적 규정이 된다. 동사는 전치사나 접속사 같은 불변화사를 통합해서 수많은 접미사 또는 삽입사에 의해 행위 주체가 앉아 있는가, 서 있는가, 또는 놓여 있는가, 주체가 생명을 가진 존재의 등급에 속하는가, 행위가 이런저런 도구를 가지고 수행되는가 등에 따라 형태를 바꾼다. 포웰Powell은 이런 과정을 인디언의 언어를 예로 들면서 자세하고 생생하게 묘사했다. 그는 다음과 같이 말했다. "언제인지는 모르지만 수많은 경우에 이 모든 것을 함께 표현하려는 의도가 있었을 것이다. 이 경우에 언어는 한 단어 속에 전체를 함축하고 있다. 그러나 많은 경우에 언어는 굳이 각각의 말의 목적이 이런 부수적 상황을 모두 언급할 필요가 없는 경우에도 그런 표현을 강요한다."[17] 이 발언에 대해 물론 언어가 본의 아니게 우리의 사유 습관과 우리의 사고 요건을 방침을 달리하는 언어와 사유방식의 판단 아래에 둔다는 이의가 제기될 수 있다. 무엇이 행위와 과정의 주요 상황이고 단순한 부수 상황으로 통해야 하는지는 그 자체로, 곧 명확한 객관적 표시로 확정되어 있는 것이 아니다. 이것을 결정하는 것은 정신적 이해에 대한 방식이며, 그 이해는 언어적 사고와 표현에 일정한 방침을 제시하고 있다. 언어의 총체적 발전에서, 명확하고 함축적인 표현 형식이 개념적, 분석적 표현 형식을 점점 더 극복하고, 원시 언어를 지배한[18] 지나친 구체화 대신 순수한 관계를 표현하는 가운데 논리적 명료함이 나타나는 것이 다시 일반적 법칙으로 유지되는 것처럼 보인다. 구체적인 표시 방식이 의식 자체의 수많은 내용을, 말하자면 한 덩이로 뭉쳐 말 그대로 '융합하여konkresziert'[19] 소유하는 것에 대한 증명과 증후를 형성하는 반면, 다른 한편에서는 문장을 계속 분류하는 것이 사고의 진보를 표현할 뿐만 아니라 동시에 이 과정의 수단, 곧 정신적 수단으로 나타난다. 언어 발달에서 독특한 발생적 표현 형식이 얼마나 천천히 생겨났는지, 그 발생적 표현이 개별적 표현의 욕구와 능력에 의해 얼마나 오랫동안 억제되었는지는 잘 알려져 있다. 언어 발달의 초기는 후기에 비해 부족함만 있었던 것이 아니라 오히려 서로 다른 표현들이 너무나 많았다는 것이 특징이다. 그러나 초기와 후기의 차이는 그럼에도 불구하고 **차이** 자체로 의식된 것이 아니라 **차이** 자체로 표시되었는데, 그것은 일반 개념이 부족했고 차이가 포괄적인 통일의 특성으로 확정될 수 있는 일반적 원칙이 부족했기 때문이다. 분석의 논리적 힘이 강화됨으로써 그리고 그 논리적 힘이 점점 더 언어 형식을 파고들어감으로써 비로소 이 원칙이 발견되어 확고해진다. 이제 문장 형식도 점점 엄격해지는 논리적인 짜임새를 갖게 된다. 문장 구성 요소를 단순히 배열하는 대신, 다시 말해 모든 원시적 언어 형식을 특징짓는 병렬Parataxe 대신 상위 분류와 하위 분류가 점점 더 확실하게 나타난다. 그것은 정신적인 것의 전경과 배경을 말하며, 논리적인 원근법을 창조해냈다. 이렇게 언어의 길은 감각적 복합에서 점차 의식적이고 엄격한 사고를 통일하기에 이른다. 곧 그것은 자연 그대로의 다양함에서부터 표면적인 빈곤함에 이르기까지 분석적 규정과 숙달의 엄정함을 비로소 실제로 가능하게 한 것이다.

(6) 정신의 힘은 상징 형성의 힘

그러면 이제 단순히 언어뿐만 아니라 상징형식 전체에 제기될 수 있는 이의가 불가피하게 떠오를 것이다. 이 형식들은 의식의 가장 깊은 직접적 내용을 모두 보여주는가, 아니면 오히려 의식의 계속되는 빈곤화를 의미하는 것은 아닌가? 우리는 언어가 주체와 객체 사이에, 인간과 인간을 둘러싼 실재 사이에서 나타난다는 훔볼트의 말을 언급했다. 그러나 동시에 이 말을 통해 다른 형식들에 의하는 것처럼 언어에 의해 우리의 의식과 실재 사이의 대립과 분리의 경계가 다시 세워지는 것이라고 고백하는 것은 아닌가? 이 한계를 돌파해서 비로소 참되고 본질적인 껍질 없는 존재에 이르는 것이 불가능한 것은 아닌가? 사실 오늘날 모든 단순한 의미로부터 궁극적인 원래의 존재로, 모든 단순히 대표하는 것과 상징하는 것으로부터 순수한 직관의 형이상학적 근본확신으로 돌아가려는 노력이 어느 때보다 더 강하게 관철되고 있다. 이를 위한 최초의 필수불가결한 행보는, 우리가 모든 전통적 상징을 포기하고, 말의 자리에 직관을, 언어적–추론적 사고의 자리에 순수하고 말 없는 관조를 세우는 데 있는 것처럼 보인다. 버클리George Berkeley는 이미 여기서 현대의 실증주의적 '언어 비평'이 제기하는 요구를 선취하고 있다. 그는 언젠가 이렇게 말했다. "우리는 시선을 헛되이 드넓은 하늘에다 둔 채 지상의 내부로 들어가려 한다. 지식인의 작품을 헛되이 물어보고 고대의 어두운 흔적을 찾아간다. 우리는 말 뒤에 있는 인식의 나무를 잡기 위해 말이라는 장막을 벗겨내기만 하면 된다. 그 열매는 매우 훌륭하고 우리가 손 닿을 수 있는 곳 가까이에 있다."[20] 언어에 관해 여기서 말한 것은 모든 상징적 표현 방식에 해당

될 것이다. 정신적인 것의 형식은 모두 동시에 정신이 포함되어 있는 하나의 껍데기를 의미하는 것처럼 보인다. 껍데기를 모두 벗겨버리는 데 성공한다면 마침내 우리는 가짜가 아닌 진짜 실재 속으로, 객체를 파고들듯이 주체의 실재로 파고들어 갈 수 있을지도 모르겠다.

그런데 언어와 언어가 정신세계의 구조에서 차지하고 있는 위치에 대해 이해함으로써 이런 방식의 추론에 신중해져야 할 것이다. 언어 표현의 모든 간접성과 언어가 우리에게 부과한 모든 조건을 제대로 제거하는 것에 성공한다면, 말할 수 없이 많은 생 자체가 맞서 있는 순수한 직관의 풍요로움이 아니라 감각적 의식의 협소함과 무딤이 다시 우리를 둘러쌀 것이다. 상징형식 전체, 곧 언어와 신화, 예술과 종교 쪽으로 눈을 돌리면 이런 추론의 필요성은 더욱 명료해진다. 이 형식들 하나하나를 무시할 수 있다고 믿고 일정한 조건 아래에서 무시할 수 있는 한, 개별 형식을 포기함으로써 더 내용 있는 형식을 새롭게 얻게 될 것이라고 확신한다. 신비주의는, 그래서 모든 비유적인 형태에서 심미적 관조의 핵심을 형성하듯이, 언어 표현의 모든 조건에서도 물러나려 한다. 그리고 이런 부정 속에서, 신비주의의 모든 역사적 형태 속에서 기본 동기로 되돌아오는 이같이 순수한 "아니다, 아니다"에서 종교적 의식의 새롭고 고유한 입장이 열리는 것처럼 보인다. 그러나 바로 이와 마찬가지로 긍정적 형태로서의 종교적 형태는 일정하고 특별한 형성 방식을 포함하고 있다. 우리의 고찰 과정은 상징과 기호의 모든 일정한 영역 뒤에, 곧 언어적이든 신화적이든 또는 예술적, 지적 기호가 문제가 되는 항상 동시에 힝싱의 일정한 힘이 있음을 보여주려 했다. 이것 또는 저것 속에서가 아니라 모든 형식 속에서 기호를 포기한다는 것은 그와 동시에 이 힘을 파괴하는 것이다. 그러나 정신의 고유한 실체는 단순한 우연으로 감각적, 상징적 내용을 모두 제거하고 그 내용을 껍데기처럼 던져버리는 데 있는 것이 아니라 이 반발하는 매개 속에서 그 자체를 관철하는 데 있다. 철학에서, 곧 존재의 사색적인 고찰에서 생 자체는 형성 이전과 형성 이외의 영역에서 결코 관찰의 목적이나 동경이 될 수 없다. 생과 형식은 분리될 수 없는 단일체인 것이다. 왜냐하면 형식과 형식의 매개에 의해 비로소 생의 적나라한 직접성은 정신의 형태를 받아들이기 때문이다. 헤겔의 말에 따르면, 정신의 힘은 "정신이 표출하는 만큼 커지고, 정신의 깊이는 감히 자신을 펼쳐 보이고 내던지는 만큼 깊어진다."

제2장 문화철학의 자연주의적 논거와 인본주의적 논거

(1) 문화철학의 등장: 스피노자의 일원론

우리가 전체 철학 체계 내에서 구분하곤 하는 모든 개별 영역 가운데 문화철학은 아마 가장 모호하고 논란이 많은 영역일 것이다. 문화철학이라는 개념 자체가 여전히 전혀 엄격하게 제한되거나 명료하게 규정되어 있지 않다. 문화철학의 기본 문제에 대한 확고하게 인정된 해답이 없을 뿐만 아니라, 더욱이 그 테두리 내에서 무엇을 의미 있고 정당하게 물을 수 있는지에 대한 합의도 없다. 이런 독특한 불확실성은 문화철학이 철학 분과 가운데 가장 최근에 생겨났고 그래서 확실한 전통이나 몇 백 년에 걸친 발달을 되돌아볼 수 없다는 것과 관련된다. 철학은 이미 고대에 주요 세 분야인 논리학, 물리학, 윤리학으로 분류되었고 그로부터 거의 변함없이 유지되어 왔다. 칸트도 학문을 이 세 분과로 분류하는 것이 유효하다고 인정했고, 이 분류가 문제의 성질에 완전히 부합되어 바로잡을 필요가 전혀 없다고 확언했다.[21] 다만 이 세 영역, 즉 논리학, 윤리학, 자연철학 즉 물리학 외에 철학적 문제 제기의 다른 자율적 방법과 방향이 있다는 것을 근대 사상이 점차 깨닫고 있다. 이런 관점에서 볼 때 르네상스 시기는 고유하고 독창적인 발전의 서막을 이룬다. 16세기와 17세기에는 서서히 새로운 과제가 무르익는다. 딜타이Wilhelm Dilthey가 "정신과학의 자연적 체계"라고 불렀던 것이 만들어지는 것이다. 그러나 미래 문화철학의 최초의 맹아를 담고 있었던 "정신과학의 자연적 체계"는 처음 얼마간 그 시대의 철학적 체계 내에서 머무를 곳이 없었다. 이때 일어나기 시작한 새로운 것은 오랜 시간 유보되었고 억제되었다. 이 억제는 결코 단순히 우연적으로 일어나거나 부차적으로 생긴 억제가 아니다. 이 억제는 근대정신의 저 첫 번째 세기가 보유한 가장 강력한 긍정적이고 생산적인 힘에서 나온 것이기 때문이다. 이 시대의 인식 이상은 수학과 수학적 자연과학이었다. 기하학과 해석학, 역학 외에는 진실로 엄격한 과학적 문제 제기를 위한 여지가 전혀 없어 보였다. 그래서 문화라는 실재가 철학적 이성에 다가가고 철학적 이성을 위해 파고들어가야 한다면, 문화 현실이 신화적 몽매나 신학적 전통의 족쇄에 얽매어 있지 않으려면, 물리학상의 우주와 같은 의미에서 수학적으로 이해할 수 있고 설명할 수 있어야 했다. 이런 기본 관념에 힘입어 스피노자Benedict de Spinoza는 윤리학과 기하학 사이에 체계적 통일성을 완성하고자 했다. 인간의 세계는 더 이상 "국가 안의 국가"를 형성해서는 안 된다. 우리는 인간과 인간의 작품을 마치 선과 면과 입체를 다루듯 서술하고 관찰해야 한다. 이렇게 요청하는 가운데 스피노자의 단일성이론이 정점을 이루는데, 이 단일성이론은 형이상학적 일원론일 뿐만 아니라 엄격한 방법론적 일원론이다. 목적 개념은 사고와 존재를 일치시키는 인식론에서는 사라지고 와해되었다. 그 이유는 우리가 목적 개념의 기원으로 돌아가 보면 이 개념이 일종의 신인동형설(神人同形說)과 같은 오해와 왜곡일 뿐이라는 것이 명확해지고, 반면에 진리는 순수한 수학적 법칙 개념에나 배타적으로 해당되는 것이기 때문이다.

그 다음 시기는 스피노자의 방법론적 일원론에 적잖이 좌우되었다. 18세기 말 무렵부터 시작된 스피노자 사상의 재발견 가운데서도 중요하고 결정적인 동기를 형성한 것이 바로 이 단일성 요구였고 셸링은 여기서 곧바로 스피노자에 연결될 수 있었다. 셸링은 자신의 동일성 철학이 스피노자가 최초의 대담한 기획 속에 세워놓은 것을 완성한 것일 뿐이라고 강조해서 말했다. 그는 1801년에 출간된 《나의 철학체계의 서술*Darstellung meines Systems der Philosophie*》에서 다음과 같이 말했다. "철학의 본성은 어떻게 사물이 그 자체인지, 다시 말하면 어떻게 사물이 무한하며 절대적 동일성 자체인지 고찰하는 것이므로, 참된 철학은 절대적 동일성(무한한 것)이 그 자체로부터 나오는 것이 아니며 존재하는 모든 것은 그것이 절대적 동일성인 한, 무한성 자체라는 것을 증명하는 데 그 본질이 있다. 이 명제는 지금까지의 철학자 가운데 스피노자만이 인식했는데, 비록 그가 그 명제를 완벽하게 증명하지도 못했고 일반적으로 오해되지 않도록 그렇게 명확하게 언급하지 못했다 해도 말이다"[22]

(2) 셸링의 자연철학과 낭만주의 문화철학

스피노자와의 일치와 완전한 합의를 확신함에도 불구하고, 셸링은 스피노자가 그만둔 그 자리에서 문제를 받아들이지 못한다. 셸링이 자연과 정신의 절대적 동일성을 주장하긴 했어도 이러한 동등화 내에서 그 한 부분, 즉 자연 개념 자체는 셸링에게 근본적으로 변화했기 때문이다. 그가 말하는 자연은 확장과 운동이라는 개념으로 모두 설명될 수 있는 존재는 아니다. 셸링은 자연을 기하학적 질서와 수학적 법칙의 총합으로 이해한 것이 아니라, 생동하는 형식과 힘의 전체로 이해한다. 수리물리학의 성질은 셸링에게 단순한 추상으로, 그림자로 침잠한다. 진정하고 참된 실재는 자연을 유기적 사건과 유기적 형태의 형식으로 소유하고 있다. 존재의 이 첫 단계에서 철학적 사고는 정신의 고유한 세계, 곧 역사와 문화의 세계로 상승한다. 우리에게 시간과 공간의 법칙과 물질과 힘의 법칙을 알게 해준 이론철학에서 실천 의식의 세계를 거쳐 최고의 단계, 즉 심미적 관조의 단계로 길은 뻗어 있다. "우리가 자연이라 부르는 것은 비밀스럽고 놀라운 형식 속에 감춰져 있는 시다. 수수께끼가 풀릴 수 있다면 거기에서 우리는 놀랍게도 위장한 채 자신을 찾으며 자신을 피하는 정신의 오디세이를 인지할 수 있을 것이다. 감각세계를 통해, 단지 말을 통해, 오직 보일 듯 말 듯한 안개를 통해서와 같이 의미는 우리가 도달하려는 환상의 나라를 보기 때문이다."[23]

셸링의 이런 기본 입장 위에 낭만주의 문화철학이 세워졌다. 낭만주의 문화철학의 강점이자 약점은 신화적인 것의 최초의 꿈같은 여명과 전설과 시로부터 사고를 언어, 과학, 철학에 최고조로 표명하는 데 이르기까지 의식의 모든 현상을 한눈에 포괄하고 하나의 원칙으로 설명해내려는 데 있다. 셸링이 말하는 "환상의 나라"와 엄격한 논리적 인식 영역은 여기서 끊임없이 상쇄된다. 환상의 나라와 논리적 인식이라는 두 영역은 구분되는 것이 아니라 서로 겹치고 포개진다. 이런 상상과 직관의 힘에서 낭만주의는 최고의 능력을 발휘했다. 낭만주의는 새로운 빛에서 자연만 보는 것이 아니라 이와 같이 관조하면서 또 이런 관조를 통해 동시에 정신적 존재의 모든 형식을 포괄했다. 신화와 종교, 언어와 시, 관습과 법의 진정한 깊은 원천이 처음으로 여기서 밝혀진 것처럼 보인다. 이 운동이 법률사와 언어사, 고전적인 고고학의 기초를 세우는 데 의미한 것과 수행한 것을 암시하기 위해서 아이히호른Johann Gottfried Eichhorn[24]이나 사비니Friedrich Karl von Savigny,[25] 야콥 그림 그리고 아우구스트 뵈크August Boeckh[26] 같은 이름을 거론하는 것으로 충분하다. 낭만주의 철학은 이런 엄청난 학문적 작업에 기초를 마련했고 또한 계속해서 이 작업에 계속해서 결정적으로 영감을 주었다. 그러나 엄격한 논리적 의미에서 볼 때 이런 작업을 위한 *원칙*에 따르면 낭만주의 철학은 질문할 수도 없고 질문해서도 안 되었다. 낭만주의는 이런 질문을 하는 것만으로도 이미 자신을 부정해야 했고, 낭만주의의 기본 신념에 따르면 지성으로는 이해할 수 없고 영원히 다가갈 수 없는 것을 지성의 밝은 빛 속으로 밀어 넣어야만 했기 때문이다. 여기서 하나의 '원칙'을 찾으려 했다면 그 원칙에서는 논리적 기초가 아니라 반(半)신화적 '시작'이 문제일 수 있었다. 비밀스러우면서도 동시에 드러나 있는 모든 정신적인 것에 대한 시작은 낭만주의에게는 '민족정신' 속에 놓여 있다. 비록 이 자연주의가 유심론적인 형이상학의 언어로 말한다 하더라도 역시 자연주의이다. 여기서 역사와 문화가 유기적 삶의 품 안에 완전히 안겨 있기 때문이다. 역사와 문화는 그 어떤 고유한 '자율성'도, 그 어떤 자기법칙성과 독립성도 갖지 않는다. 역사와 문화는 자아의 원초적 자발성의 기반 위에서 생기는 것이 아니다. 그것은 어느 정도 스스로 완성되는 조용한 생성과 성장이다. 씨에서 나무가 생기게 하기 위해서는 씨를 대지에 뿌리기만 하면 되듯이 법과 언어와 예술 그리고 인류는 민족정신이라는 원시적 힘에서 자라난다. 이런 평온함과 확신은 정적주의적 사고를 포함한다. 이런 의미에서 사비니는 모든 법의 형성을 관습과 습관, 상식적 믿음 위에 세우고 이 영역으로 제한하려 했는데, 진정한 법은 오직 그런 "내적이고 조용한 작용의 힘"에 의해서만 성장할 수 있다는 것을 계속 강조함으로써 이 주장을 뒷받침했다. 테오도어 리트Theodor Litt는 유기체적 형이상학의 기본 이념에 대한 매우 명료하고 적절한 *방법적* 비판이라는 점에서 탁월하다고 평가받는 자신의 저서 《개인과 공동체*Individuum und Gemeinschaft*》에서 다음과 같이 말했다. "유기체적 사고의 장점과 매력을 결정하는 것은 그 사고가 어떤 힘의 완전하고 단호한 작용을 너무나 확고한 식물의 형상 속에 감각적인 조형으로 표현한다는 것인데, 이 힘의 세속적 이동에 비하면 모든 세계 진행의 충격과 와해는 단지 표면의 건드림을 의미할 뿐이다. 이 유기체적 사고의 약점은 이 이론의 뗄 수 없는 부가어인 개인적 존재의 해체를 드러낸다는 것이다."[27]

(3) 경영과학에 흡수된 문화철학

이런 약점과 위험은 낭만주의가 자연과 역사를 감쌌던 장막
이 걷히고 나서야 완전히 명료해졌다. 이것은 인식이 더 이상
순수하게 직관적으로 생의 근원에 침잠하는 것에 만족하지
않고 대신 생에 대한 지식을 요구하는 그 순간에 일어난다. 셸
링의 자연철학은 이제 사라졌다. 그 자리에 순수 경험과학의
이상이, 삶의 현실과 모든 '정신적' 현상을 일반적 자연법칙
으로 설명하려는 이상이 들어선다. 일반적 생명론, 즉 이론 생
물학이 모든 역사 관찰과 문화철학을 위한 원형과 모범이 되
어야 한다. 이러한 전환은 19세기 후반에 진행되었고, 프랑스
문화철학에서 가장 명확하게 나타났다. 이 그룹에 속한 사상
가들은 콩트Auguste Comte의 《실증철학Cours de Philosophie
positive》에 의해 철학적 훈련을 받았다. 실증주의의 기본이 되
는 이 저작은 그들의 방법과 질문 제기를 결정한다. 일반적인
철학적 전제보다 더 강하게 그들에게 영향을 미친 것은 그들
이 이해했던 과학의 특별한 형태였다. 이 사상가들이 발견하
고 그들에게 최종적인 성격을 가졌던 세계상은 고전물리학의
세계상이었다. 이 고전물리학의 최고 공리로서 인과율은 잘
알려진 〈라플라스 정신Laplace'schen Geistes〉이라는 전범
에서 발견된 표현 양식 속에서 유효했다. 비판적인 성향을 갖
고 칸트를 모범 삼아 공부한 사상가들도 이 틀을 변경할 엄두
를 내지 못했다. 이에 대한 예로 오토 리프만Otto Liebmann
의 간단하면서도 풍부한 문헌을 인용할 수 있다. 《이론의 정
점Die Klimax der Theorien》에서 리프만은 강력한 결정주의의 전

제는 인간 사고와 연구, 인식의 전체 영역을 위해 같은 방식으로 통용되며 이런 관점에서 도덕 세계를 다루는 학문과 자연 세계를 다루는 학문, 즉 정신과학과 자연과학 사이에는 전혀 차이가 없다는 가정에서 출발한다. 리프만은 "성운과 원자의 움직임이 문제가 되었든 시장 가격과 주식 변동이 문제가 되었든, 지질학의 혁명과 지구 변형의 연속 또는 리비우스의 이야기 뒤에 감춰진 로마의 시원에 대한 이야기가 재구성되어야 하든, 인간의 성격과 결정, 행위 또는 조류와 기상학적 과정이 문제가 되었든, 어디서나 이성적 과학은 유아적 미신과 구별되어 근본적인 가정의 바탕이 되고 있는데, 우리의 관찰이 이를 수 없는 실제 사건의 부분에는 엄격한 인과의 그물이 지배하고 있고, 이것은 우리의 단편적인 경험에서 산발적으로 밝혀지는 인과의 그물에 정확히 대응한다. 그러나 이런 학문적인 근본 확신과 더불어 의지의 윤리적 자유와 사고의 논리적 자유가 어떻게 통일될 수 있는가 하는 어려운 문제는 초월적인 것이고, 어떤 면에서 문제의 답을 찾는다 해도 우리의 인식론적 고찰 속에서 완전히 뒤섞여서는 안 된다. 그 문제는 여기서 낯설고 방해되는 침입자일 수도 있고 혼란만 야기할지도 모른다. 그것은 완전히 다른 장소에 속하는 것이다." '기적을 믿는 사람이 *아니라는 것*'과, '모든 사건의 예외 없는 엄격한 법칙을 믿는 것', 다시 말해 인과율의 절대적인 객관적 보편성을 절대로 의심하지 않는 것──이 두 가지는 분명히 서로 교체할 수 있는 개념이거나 동의어다."[28]

  내가 이 문장을 인용한 것은 이 문장이 19세기의 자연과학과 철학의 일반적 문제 상황을 무엇보다도 간명하고 설득력 있는 형식으로 보여주기 때문이다. 자연과학과 철학은 둘 다 피할 수 없어 보이는 결정 앞에 서 있다는 것을 알고 있다. 두 학문 분과는 '라플라스 정신'의 이상을 받아들여야만 하거나 기적을 믿는다고 고백해야만 했다. 이런 상황에서 저울추가 어느 쪽으로 기울어야 하는지는 인식론자와 비판 철학자에게 는 전혀 의심스럽지 않았다. 오늘날 우리가 리프만의 문장을 읽으면 물론 독특한 감정이 엄습한다. 이 문장들은 약 50년 전에 씌어졌다.[29] 그러나 이 짧은 시간 동안 모든 인식 비판과 일반 지식론이 변한 것은 아니다. 어떤 인식 비판가도 오늘날 리프만이 부여한 그런 형식으로 보편적 결정주의론을 이끌려 고 감히 시도할 수는 없을 것이다. 인식 비판가는 여기서 현대 이론물리학의 발전이 야기한 모든 의미심장한 질문과 회의 앞에 내던져진 자신을 보게 될지도 모르기 때문이다. 나는 이 런 회의가 인과 개념 자체에 대한 진정한 위험을 내포하고 있 다고 믿지 않으며, 비결정주의를 선언하는 것이 필요하다고 생각하지도 않는다. 하지만 이 회의는 어느 경우에나 일반적 인과율이 말하는 것과 말하지 않는 것을 새롭게 검토하도록 요구한다. 문제의 이런 측면은 다른 곳에서 자세히 다루었기 때문에 여기서는 다루지 않겠다.[30] 대신 보편적 결정론의 공 리가 문화과학을 형성하고 문화철학의 기반을 마련하기 위해 갖는 결과를 보여주겠다. 이 문제를 공략하기에 나선 프랑스 의 문화철학 사상가들은 정밀 물리학을 모범으로 삼긴 했어 도 그들이 수학자이거나 물리학자인 것은 아니다. 그들의 관심은 다른 데 있었다. 뉴턴이나 라플라스의 세계상이 아니라 다윈과 스펜서Spencer의 세계상이 그들의 근본이념을 결정했다. 여기서도 셸링이나 낭만주의 자연철학에서처럼 자연과 문화가 하나의 공통된 법칙, 즉 발전이라는 기본 법칙 아래 놓임으로써 하나가 되고 어떤 의미에서 같은 공통분모로 묶인다. 자연과 문화 사이에 놓여 있는 것처럼 보이는 차이는 더 이상 낭만주의에서처럼 자연의 정신화가 아니라 문화의 사물화를 통해 극복되어야 하기 때문이다. 진정한 문화과학을 얻으려 한다면 형이상학이나 신학이 아니라 화학과 물리, 동물학과 식물학, 해부학, 생리학에 주도권을 넘겨야 한다. 유기체는 그럼으로써 유지된다. 그러나 유기체는 마지막 분석에서 기계 장치로 되돌려지고 완전히 그 속에 용해된다는 조건하에서만 받아들여진다.

새롭게 문화사적이면서 동시에 문학사적인 고찰을 요구할 뿐만 아니라 그것을 능숙하게 다루었던 부류의 최초의 사상가들 가운데 한 사람은 생트뵈브Sainte-Beuve였다. 생트뵈브는 철학자도 아니고 그 어떤 의미로도, 그 어떤 학문 영역에서도 엄격한 체계론자로 불릴 수 없다. 그의 고유한 강점은 일반적이거나 근본적인 것에 놓여 있는 것이 아니라 많은 개별 지식과 섬세한 세부 사항을 관조하는 데 있다. 이런 관점에서 생트뵈브는 정신사적 고찰을 위해 완전히 새로운 지식의 보물을 발견했다. 프랑스 사상계에 끼친 그의 영향력이 너무 커서 아나톨 프랑스Anatole France는 그를 19세기의 "만물박사"라 불렀다. 그는 자신을 기꺼이 정신의 영역에서의 자연과

학자라 불렀고, "정신의 자연주의자"이고자 했다.[31] 생트뵈
브가 능란한 완벽성과 타의 추종을 불허하는 감정 이입 능력
으로 실행한 것은 그의 훌륭한 제자인 이폴리트 텐Hippolyte
Taine에 이르러서야 확고하고 엄격한 방법론으로 발전했다.
텐은 처음으로 확고한 틀을 도입했는데, 이 틀이 이후 모든 문
화사적 고찰을 위해 통용되어야 한다고 보았다. 그는 특별한
현상을 모두 설명할 수 있는 세 가지 조건을 들었다. 그 세 가
지란 인종, 환경, 시기이다. 우리가 바로 이 세 가지 기본 요소
를 확신하고 그것을 꽉 잡고 있으면 문제는 완벽하게 풀린다.
우리가 이 세 요소를 옳은 방법으로 서로 연결함으로써 갖가
지 다양한 역사 현상과 문화 현상의 전체 영역을 이를테면 마
술적으로 불러낼 수 있다. 텐이 자신의 주요 저작인 《영문학
사Histoire de la Littérature Anglaise》와 《예술철학Philosophie de l'Art》
에서 이 마술을 부리는 데 정말로 성공했다는 것은 반론의 여
지가 없다. 그는 엄청난 수의 개별 사실들을 모으기에 열심인
데, 이는 그 개별 사실들을 통해 일정한 시대의 성격과 기본
정서를 밝히기 위해서다. 그것을 수집하면서 그가 일정한 방
법론적 계획을 따른 것은 아니다. 그는 운 좋게도 엄격한 검사
없이 사실을 발견하기만 하면 받아들인다. 여기서는 하나의
일화가 역사적 보고나 기록 문서의 출전처럼 통용된다. 한마
디의 설교, 동시대의 풍자, 회고록 작품에서 나온 한마디 말이
그다지 비판적인 의혹 없이 허용되고 올바른 자리에 응용된
다. 이러한 특징적 개별 성향으로, 텐 자신이 "아주 작은 것을
능숙하게 표현하는"이라 부른 것이 그의 서술을 이룬다. 물론

텐은 개별 사실들의 단순한 모음이 결코 엄격히 논증된 과학적 *이론*에 이를 수 없다는 것을 충분히 알고 있다. 이론의 완성은 그에 따르면 이론의 구성적이고 연역적인 부분에 있다. "원인 탐구가 사실 수집에 뒤따른다." 경험적 개별 현상을 찾아낸 뒤 그 개별 현상이 나온 힘에 관한 탐구가 뒤따른다. 텐에 따르면 실증주의의 기본 원칙에 충실하기만 하다면 이 힘을 찾는 것은 어렵지 않다. 우리는 그 힘을 초월적 힘이 아닌 *내재적* 힘으로 생각해야 한다. 그 힘은 낭만주의 이론의 초개인적인 통일성과 전체성처럼 초감각적 세계에 속하는 것이 아니라 물질세계를 구축하고 지배하는 똑같은 힘이다. 텐은《예술철학》서문에서 "내가 따르려 하고 오늘날 모든 정신과학을 파고들기 시작한 현대적 방법론의 본질은, 특징을 제시하고 원인을 찾아야 하는 인간의 작품과 그중에서도 특히 예술작품을 사실과 생산물로 보는 데 있을 뿐 그 이상은 아니다. 이렇게 고찰해보면 과학은 정당화해서도 안 되고 비난해서도 안 된다. 과학은 단지 확정하고 설명해야 한다. 문화과학은 같은 관심에서 오렌지 나무와 월계수, 전나무, 자작나무를 연구하는 식물학처럼 진행되어야 한다. 문화과학은 식물에 관계된 것이 아니라 인간의 작품에 관계된 응용 식물학의 한 종류 이외에 아무것도 아니다. 이런 방식으로 문화과학의 일반적 운동을 따르는데, 이 운동의 도움으로 오늘날 정신과학(도덕 과학)과 자연과학은 서로 가까워지며 이 운동의 힘으로 정신과학은 자연과학에 존재하는 것과 똑같은 안정성과 진보를 얻게 될 것이다."[32] 우리가 한 무리의 사실을 자연적인 사실로, 다른 한 무리를 정신적이거나 도덕적인 사실로 나타낸다면 그 속에 아마도 어떤 내용상의 차이가 표현될 것이다. 그러나 다른 부류들의 인식의 종류에 비해 이런 상황은 전적으로 중요하지 않다. 인식은 결코 개별 사실 자체에 관계하는 것이 아니라 항상 개별 사실의 인과적 연관에 관계하고, 이 인과적 연관은 자연과학과 정신과학 두 가지 경우에 똑같은 방식과 엄격성을 갖기 때문이다. "소화와 근육의 운동, 동물적 온기의 원인이 있듯이 야심과 용기, 진실성에도 똑같이 원인이 있다. 악덕과 덕은 황산염과 설탕처럼 생산물이며 각각의 복합적 존재는 그것이 속한 다른 단순히 주어진 것, 즉 일반적 원인과 결합하여 생긴다. 자연적 성격에 대한 자료를 찾듯 도덕적 성격의 단순한 자료를 찾아보자. 일련의 방대한 일반적 원인이 있을 터이니 사물의 일반적 구조와 사건의 대략적인 윤곽은 이 원인들의 작품이다. 종교, 철학, 시, 산업, 기술, 사회와 가족 형태는 결국 이 일반적 원인으로 사건에 각인된 것일 뿐이다." 그래서 텐은 자부심을 갖고 이렇게 설명한다. "오늘날 역사는 동물학이 해부학을 발견했듯이 우리가 관심을 가질 만한 역사의 특별한 곁가지를 다루든, 문헌학적 질문을 다루든, 언어학적 또는 신화학적 질문을 다루든, 새롭고 풍성한 결과에 이르기 위해선 항상 이런 방법으로 나아가야만 한다."[33]

(4) 문화해석의 역사적 결정주의

역사적 결정주의의 엄격한 논증은 세 가지 방향에서 서로 다른 체계의 전제하에 시도될 수 있다. 그 논증은 물리적, 심리주의적 그리고 형이상학적 논증으로 구별될 수 있다. 그 첫 번째 물리적 논증은 프랑스 실증주의의 사유에서, 즉 콩트와 생트뵈브, 르낭, 텐에게서 분명하게 나타나 있고, 두 번째 논증은 현재 철학의 슈펭글러에 의해 대표되고 있으며, 세 번째 논증은 헤겔의 역사철학과 정신현상학에 나타나 있다. 물리적 이해와 논증은 인간 세계의 모든 사건이 일반적 자연 법칙 아래 놓여 있고 고정된 자연 조건에서 자라난다는 입장에서 출발한다. 자연적 상태, 땅, 기후, 유전 법칙과 사회적 모방 법칙. 이것이 사건의 기본 요소들인데 사건은 이 요소들에 의해 완벽하고 명확하게 결정된다. 이 법칙들을 파괴하고 이 요소들을 변형할 수 있는 자아의 자발성은 없다. 그렇다고 해도 이 이론에서 자아의 활동성이 완전히 억제된 것은 아니다. 왜냐하면 이 활동성의 어떤 부분이 그것이 아무리 미미한 부분이라 해도 활동성을 위한 틀을 담고 있는 발전 개념 속에 예정되고 시인되어 있기 때문이다. 이 발전 개념 속에는 개별 존재가 자기의 환경에 유연하게 순응해 있고 이 순응의 힘에 의해, 말하자면 환경에 귀속되어 있는 것이 아니라 개별 존재가 환경에 '적응'하고 그래서 일정한 경계 내에서 자신을 변형시킬 수 있다는 것을 전제한다. 발전 개념의 이 두 면을 나타내기 위해 콩트는 "변형 가능한 운명fatalité modifiable"이라는 독특한 개념을 만들어냈다——경험적이고 실증적이려고 했던 개념이지만 그 개념의 어려움과 이율배반적 분열성은 콩트가 싸운 어떤 형이상학적 개념에도 뒤지지 않는다고 말할 수밖에

없다.[34]

  내가 심리주의적 형태라고 부른 역사적 운명주의의 두 번째 형태는 슈펭글러가 대표적이다. 슈펭글러는 문화 속에서 일정한 자연적 요소의 생산물을 본 것이 아니라 일정한 '영혼'의 표현을 보았는데, 이 영혼은 더 이상 소급될 수 없고, 인과적으로 설명될 수 있는 것이 아니라 원천적으로 주어진 것으로 받아들여져야 한다. 우리는 어느 특정한 문화가 어디서 무엇에서 생겨났는지 물을 수 없다. 왜냐하면 문화의 탄생은 항상 신비적인 행위이기 때문이다. 문화는 위대한 영혼이 돌연히 "영원히 유아적인 인류의 원시 영혼의 상태에서 깨어나는 곳"[35]에서 탄생한다. 이 깨어남은 자연과학적 개념으로 서술될 수 있는 것이 아니라 예감으로만 이해할 수 있다는 것은 명백하다. 그러므로 학문이 아니라 시가 문화철학의 진정한 도구가 된다. 언젠가 슈펭글러는 "역사를 학문적으로 다루면 마지막에는 항상 무엇인가 모순적이다……자연은 학문적으로 논구해야 하지만 역사에 대해서는 시를 지어야 한다"[36]고 했다. 그래서 슈펭글러는 서구의 몰락에 관한 세계사적 서사시와 비극을 썼다. 그는 일련의 위대한 문화, 아폴로적인 문화와 아랍의 신비적 문화, 파우스트적 문화와 고딕 문화를 우리에게 소개했다. 각각의 문화는 내적으로 완결되어 있고, 어떤 다른 문화와도 비교할 수 없으며, 어떤 다른 문화에 의해서도 이해될 수 없다. 왜냐하면 문화는 꽃피고 시들지만 결코 같은 모양으로 다시 돌아올 수 없는 유일무이한 영혼의 표현이기 때문이다. 이런 신비적 운명론은 개별 존재와 개별 행위를 훨씬 더 편협하게 둘러싸 둘을 훨씬 더 엄격하고 가차 없는 자연주의적 실증주의의 '변형 가능한 운명'으로서의 필연성에 예속시킨다. 이는 변형의 모든 가능성이 사라져버리기 때문이다. 개별 문화들이 활짝 피었다가 시드는 것은 우리가 어떤 방식으로도 피할 수 없는 숙명적 잠언이다. 우리는 운명의 팔에 매달릴 수 없고 우리가 묶여 있는 익시온Ixion의 불바퀴[37]를 제어하거나 다른 방향으로 돌릴 수 없다. 문화 영혼의 '어마어마한 행로' 앞에서 모든 존재와 개별자의 모든 의지는 사라진다. 개인은 문화에 볼모로 잡히거나 문화에 대해 자신의 무가치함을 인식하는 것 외에는 아무것도 할 수 없다.

전적으로 반대되는 입장이 헤겔의 역사철학에 나타나는 듯하다. 헤겔 철학은 자유 철학이 되려 하기 때문이다. 형이상학적 관념주의의 자유 이념은, 헤겔 체계의 근본에 놓여 있는 대로 해방의 과정을 단지 영원한 것을 위해, 절대 주체만을 위해 수행하지 유한한 주체를 위해 수행하지 않는다. 유한한 주체는 여전히 속박되어 있다. 유한한 주체는 세계 사건의 단순한 통과점, 세계정신이 이용하는 하나의 수단일 뿐이기 때문이다. 유한한 주체는 단지 자신의 행위 주체자로 보일 뿐이다. 그의 존재와 그가 수행하는 것은 오히려 절대 이념에서 빌려받아 짐 진 것이다. 절대정신은 유한한 주체에게 역할을 지시하고 자신의 영향 범위를 정하는 것이다. "이성의 간지"는 헤겔에 따르면 계속해서 개인들이 독립성을 가진 것처럼 속이고 이런 속임수로 개인을 유혹한다. 그들에게 진정한 독립성을 주지 않으면서 절대정신은 개별자의 특수한 목적과 특별한 열정을 이용하지만 개별자를 위해서가 아니라 자기 자신만을 위해 이것을 요구하는 것이다. 스스로 움직이는 이념에 대해 개별자는 단순히 인형일 뿐이다. 우리는 민다고 믿고 있지만 밀리고 있으며, 우리를 목적에 따라 조종하고 명령에 복종시키는 더 높은 힘의 도구이다. 물리적 힘과 심리학, 그리고 형이상학이 우리에게 알려준 것처럼 이 삼중의 속박에는 어떤 탈출구가 있는가, 어디에서부터 우리는 개별 존재와 개별 행위에 다시 독립적인 의미와 독립적인 가치를 돌려받기 위해 시작할 수 있는가?

(5) 문화의 인본주의적 기초: 형식 형성을 통한 자기관조

이 질문, 우리가 모든 문화철학의 출발점으로 받아들였던 질문에 대한 답을 여기서 원칙적이고 체계적인 관점에서 서술할 수는 없다. 이 논문에서 시도하는 간명한 소묘의 범위 내에서는 그런 체계적 서술 대신 역사적 서술로 만족해야 한다. 역사적 서술에 대한 설명은 문화의 새로운 '인본주의적' 기초의 추상적 이상을 이해했을 뿐 아니라, 그 이상을 작품을 통해 직접 우리에게 보여주고, 작품에 영혼과 생명을 불어넣은 사람들의 이름을 열거하는 것만큼 간단하고 훌륭할 수 없을 것이다. 18세기 후반 독일의 고전주의 문학 시대에 르네상스가 그 이름으로 보여주었던 것과 매우 다르면서 훨씬 폭넓고 깊이 있는 새로운 인본주의가 어렵게 솟아올랐다. 르네상스 인본주의는 단순한 교양 운동이 아니었다. 르네상스 인본주의는 에라스무스Desiderius Erasmus 같은 최고의 사상가들을

통해 직접적으로 생에 관여하려 했던 보편적 교육 이상을 실현했다. 그러나 '기원으로ad fontes'라는 구호는 이 인본주의를 과거로 향하게 했고 계속해서 과거에 묶어두었다. 18세기의 고전주의는 다른 양식이었다. 역시 18세기 고전주의를 지배하고 특징지었던 고대에 대한 온갖 찬양과 경외에도 불구하고 그것은 과거보다 미래를 향해 있었다. 18세기 고전주의의 경우 관조에의 의지가 아니라 '형상화에의 의지'가 결정적인 동기였기 때문이다. 헤르더의 역사관은 순수한 철학적 동기에서 볼 때 라이프니츠에게 소급된다. 라이프니츠에게 현재는 자연적 존재일 뿐 아니라 진정한 정신적 현재로 생각되는 한 여전히 이중적 상황을 담고 있다. 현재는 "과거에 의해 채워지고 미래를 품고 있다."[38] 현재는 과거에 의해 채워진다. 그러나 동시에 미래를 품고 있다. 역사관이 경험하는 이 새로운 차원을 우리는 레싱Gotthold Ephraim Lessing의 '인류의 교육'에서 감지하는 것처럼 헤르더의 '인류 역사의 철학에 관한 이념'에서 감지할 수 있다. 인간에 대한 새로운 이론과 여기 어디에나 근본에 놓여 있는 새로운 '역사적인 인간의 감정'[39]을 순수하게 개념적으로 이해하고 규정하는 것은 쉽지 않다. 우리는 인간의 감정을 빙켈만Johann Winckelmann과 레싱, 헤르더, 실러Friedrich von Schiller의 *작품*으로만 보여줄 수 있다. 괴테는 언젠가 에커만과의 대화에서《파우스트》의 근저에 놓인 일반적 이념을 추상적으로 말하는 모든 시도에 대해 저항했다. "내가《파우스트》에서 보여준 것처럼 그렇게 풍부하고 다채로우며, 그렇게 아주 다양한 삶을 유일한,

관통하는 이념의 가느다란 실에 꿰려 했었다면 그것 역시 사실 아름다운 것이 되었어야 했다"[40]라고 괴테는 말했다. 독일 문학의 고전주의 시대에 시와 철학에서 활동한 지극히 다채롭고 정신적인 삶도 그렇게 하나의 개별 이념으로 나타낼 수 없고 개별 이념에만 의무 지울 수 없다. 사람들이 같은 것을 표현하기 위해 날카롭게 갈고 닦은 공식 가운데 하나를 고르려 한다면 실패하거나 잘못될 것이다. 마치 그런 공식을 좋아하고 능숙하게 다루며 자신의 기본 입장을 지키기 위해 공식을 보여준 텐처럼 말이다. 여기서는 오히려 간접적인 서술의 길과 간접적인 역사적 특성 묘사만이 시도될 수 있다. 이 경우 우선은 부정적인 상황이 나타난다. 사람들은 18세기 '인본주의 이상'을 무엇보다 윤리적 관점에서 바라보는 데 익숙하다. 사람들은 인본주의적 이상 속에서 전적으로는 아니어도 우선 윤리적 이상을 보곤 한다. 그러나 이런 이해는 의심할 바 없이 너무 편협한 것이다. 빙켈만과 헤르더, 괴테와 훔볼트에게, 그뿐 아니라 실러와 칸트에게도 원래의 인본주의의 구체적 의미는 다른 곳에 있었다. 인륜성Sittlichkeit의 일정한 형식과 국가적, 사회적 삶의 일정한 질서가 '인간 본성'의 결과라는 것과 그 형식과 질서는 인본의 가장 성숙하고 고귀한 과실을 나타내리라는 것을 그들은 확신하고 있었다. 그러나 그들은 이 목적만을 주목한 것은 아니었다. 그들에게는 훨씬 더 보편적이고 포괄적인 문제가 놓여 있었다. 인본주의란 이름 아래 그들이 찾았던 것은 관습적인 형식의 경계 안에 놓여 있는 것이 아니었다. 그것이 어떤 특별한 생활 범위에서 실행되든 그것은 모든 형상화에까지 뻗어 있다. 모든 인간 존재의 기본 특성으로서 인간은 외부 인상의 다양함에 단순히 매몰되는 것이 아니라 이 다양함에 일정한 형식을 부여함으로써 다양함을 제어한다. 그런데 이 형식은 결국 인간 자신으로부터, 생각하고 느끼고 의지하는 주체로부터 나온다.

이런 형식을 향한 의지Wille zur Form와 형성 능력은 헤르더와 훔볼트가 언어의 본질에서, 실러가 놀이와 예술의 본질에서, 그리고 칸트가 이론 인식의 구조에서 보여준 것이다. 만약 이것들의 근저에 각각의 독특한 생성 방식이 놓여 있지 않다면, 이 모든 것은 그들 말대로 성과물로서, 단순한 생산물로서 가능하지 않을 것이다. 인간이 이러한 생산성의 양태에 능하다는 것은 인간의 독특하고도 뛰어난 특징이다. '인본주의'는 이 단어가 표시할 수 있는 가장 넓은 의미에서 완전히 보편적이면서도 그 보편성 안에서 유일무이한 매개를 나타내는데, '형식'은 오로지 이 매개 안에서만 생기고 계속 자신을 형성해나가며 증식시킬 수 있다. 이때 이 특별한 영역의 우월성은 우리가 이 영역을 논증하거나 주장하기 위해 자연적 존재의 범위를 부수거나 원칙적으로 그 범위에서 나와야 한다는 가정과 요청을 결코 포함하지 않는다. 사실 칸트의 '사고방식의 혁명'을 위해서는 그 같은 자연 개념의 파괴와 돌파가 어느 정도 필요하다. 칸트의 이론은 자연과 자유, '감성계'와 '지성계' 사이의 이원론에 기초해 있다. 그러나 헤르더와 괴테는 칸트를 따르지 않았다. 그들은 '인본주의'의 이념에서 어느 특별한 *존재*라기보다는 오히려 하나의 특별한 수행 능력을 본 것이다. 이 수행 능력은 모든 자연 존재 가운데 인간에게만 가능하다. 인간이 수행하는 것은 *객관화*와 이론적, 미학적, 윤리적 형성에 바탕을 둔 자기 관조다. 이 객관화는 언어에서 처음 나타나 시와 조형기술과 종교적 직관, 철학적 개념 속에서 점점 더 풍부하고 다양하게 발전한다. 이 모든 것이 인간의 원래의 역량과 완성, 코메니우스Johann Amos Come-nius[41]식으로 말하자면 인간의 '무한한 이해 능력capacitas infinita'을 표현한다. 이 '무한한 이해 능력', 무한에의 지향은 동시에 엄격한 자기 제한을 포함하고 있다. 이는 모든 형식에는 일정한 척도가 필요하며 형식의 순수한 현상 속에 척도가 묶여 있기 때문이다. 단순히 자유자재로 흘러가는 생은 순수하게 자신 안에서 형식을 만들지 못한다. 생은 형식에 관여하기 위해 자신을 통합하여 어느 정도 일정 지점에 집중시켜야 한다.

(6) 훔볼트: 개별성 원칙과 인류의 총체성

비록 독일 관념주의 체계들이 여기서 제기된 문제들을 계속 건드리고 자신의 전제 조건과 개념 도구의 테두리 안에서 문제 해결을 찾았다 해도 이런 직관의 원래의 철학적 서술이나 논증은 독일 관념주의의 형이상학적 체계 속에 주어져 있지 않았다. 그런데 여기에 다리를 놓은 사람은 피히테Johann Gottlieb Fichte나 셸링 또는 헤겔이 아니라 훔볼트였다. 19세기 초반 철학적 사유의 행보는 체계의 중요 단선만을 추적해서는 결코 명확하게 알 수 없다. 여전히 철학사 서술에서 지배적인 이런 분류에서 사람들은 무엇인가 중요한 것, 본질적인 것을 잃어버리고, 정신적 연관성을 위한 눈을 가려버리는데, 이 정신적 연관은 훔볼트를 연구해보면 즉시 함축적이고 명확하게 나타난다. 훔볼트의 작품은 첫눈에는 피히테나, 셸링, 헤겔의 작품보다 그다지 완결되지 않은 것처럼 보인다. 훔볼트가 자기 길을 향해 나아갈수록 과학적인 개별 연구나 이 연구의 세부 문제 속에서 헤매는 것처럼 보인다. 그러나 그는 이 모든 것을 진정한 철학적 정신으로 파고들고 자신의 연구가 통용되는 전체를 결코 시야에서 놓치지 않는다. 훔볼트가 실제 정치가와 정치이론가, 역사철학자, 미학자이자 언어철학의 창시자로서 수행한 것은 모두 하나의 위대한 이상의 징표이며 동시에 가장 순수한 개인주의이며 개인주의로 머물려는 포괄적인 보편주의의 징표다. 여기서 스피노자와의 경계가 뚜렷해지는데, 스피노자의 사고 세계는 훔볼트에게 커다란 영향을 미쳤다. 스피노자의 보편주의는 형이상학의 양식과 기원이 된다. 이 보편주의가 전체의 관조와, 자연과 신성(神性)에 적합한 인식의 일부가 되어야 한다면 자아에게 일종의 자기 포기를 요구해야 한다. "모든 규정은 부정과 다르지 않다Omnis determinatio est negatio"[42]라는 명제는 인간의 개성에도 통하기 때문이다. 인간적 개성은 그 특수성과 한계로 인해 무한한 신과 자연의 극단적 대척점에 놓여 있다. 인간 중심주의와 인간 변형론에 빠지지 않고서는 인간 개성에 매달릴 수도 없고 거기에 침잠할 수도 없다. 신(新)인본주의, 즉 괴테와 헤르더와 훔볼트의 인본주의는 다른 관계를 요구한다. 모든 한계가 장벽이라는 스피노자식의 명제는 그에 따르면 밖에서 주어진 한계, 즉 외부에서 낯선 힘이 대상에 결정적으로 영향을 미친 형식이 문제 될 때에만 유효하다. 자유로운 인격 속에서 이런 종류의 규정은 지양된다. 인간의 개성은 그것이 자신에게 형식을 부여함으로써 형식이 되고 그렇기 때문에 우리는 형식 속에서 신과 자연이라는 무한한 존재와 마주하여 단순히 하나의 장벽을 보는 것이 아니라 형식을 진정한 원천적 힘으로 인식하고 인정해야 한다. 문화 영역에서, 즉 언어, 예술, 종교 그리고 철학에서 드러나는 일반적인 것은 그래서 언제나 개별적이자 동시에 보편적이다. 보편적인 것은 단지 개인의 행위에서만 보편적인 것의 현실화와 진정한 실현을 발견할 수 있기 때문에 이 영역에서 보편적인 것은 개인의 행위에서만 관조될 수 있다. 훔볼트는 이러한 자신의 기본 논제를 자신의 방대한 카비-저작Kawi-Werk 서문에서, 특히 언어에 기대어 완성했다. 훔볼트에게 언어는 "인간 자체가 분리된 개별성을 갖고 있는 것이 아니라, 즉 '나'와 '너'는 단지 서로 요구하는 개념이 아니라 진정 같은 개념이라는 증거이자, 이런 의미에서 나약하고 도움이 필요한 개인으로부터 인류의 원시적 종족에 이르기까지 개성의 영역이 있다는 가장 뚜렷한 흔적이자 가장 확실한 증거다. 훔볼트에 따르면 그런 원초적인 관계없이는 서로간의 이해, 언어라는 매체 속의 인간 삶은 모두 영원히 불가능할 것이다. 역사연구가이자 역사철학자인 훔볼트는 기본적으로 이런 관점을 고수하고 이 관점을 위해 새로운 실증과 논증을 찾는다. 모든 역사적 삶은 민족적으로

국한되고 제한된다. 그러나 역사적 삶은 바로 제한성과 제한성의 힘으로 인류의 총체성과 깨질 수 없는 통일성의 증인이될 수 있다. "민족은……일정한 언어로 특징 지워진 인간의정신적 형식이며 이상적인 총체성과 관련하여 개체화된다. 인간의 가슴을 울리는 모든 것, 특히 언어에는 통일성과 보편성을 향한 노력만이 아니라 어떤 예감, 온갖 분열과 다양함에도 불구하고 인류는 본질과 최종 규정에서 분리할 수 없이 하나라는 내적 확신이 놓여 있다……개별성은 깨진다. 그러나 그렇게 분리됨으로써 통일성의 감각이 깨어나고 나아가 이통일성이 적어도 관념 속에서 생성해내는 수단으로 나타날만큼 아름다운 방식으로 깨진다……내적으로 심도 있게 통일성과 보편성을 얻으려고 노력하면서 인간은 개별성이 분리하는 장벽을 넘어 어머니인 대지와 접촉해서만 힘을 얻는 거인처럼 오로지 그 개별성의 장벽 속에서만 힘을 얻기 때문에개별성은 이러한 더 높은 싸움 속에서만 고양된다."[43] 이러한성향은 훔볼트의 '고전주의'에도 각인되어 있다. 훔볼트는 자신의 논문 〈역사 서술가의 과제에 대하여〉에서 다음과 같이말했다. "그리스는 이전에도 이후에도 없었던 민족적 개별성의 관념을 세웠다. 그리고 그 개별성에 모든 존재의 비밀이 놓여 있듯이 상호 작용의 자유와 고유성 위에 인류의 모든 세계사적 진보가 놓여 있다."[44]

(7) 결정주의 문화철학 비판
개별성 원칙의 이러한 순수함과 깊이는 우리가 관찰한 그 어떤 역사적 결정주의의 체계로도 파악할 수 없다. 프랑스 실증주의 사상가를 보면 그들의 자연주의와 결정주의가 그들이 개별적 존재를 이해하는 데 방해되지 않았음을 알 수 있다. 이 모든 사상가들은 지독한 예술가들이어서 동시에 개인주의자가 되지 않을 수 없었다. 그들이 이론가로서 개인적인 것의 특별한 가치를 인정하는 것을 종종 어렵게 생각하지만, 그것의 완전한 매력을 알고 있으며 어느 정도 의지에 반하면서까지 계속 이 매력에 굴복한다. 그들은 심미적 감정 이입과 심리학적 분석의 재능을 모두 갖추고 영혼의 마지막 섬세함을 감지하고 표현하기 위해 이 재능을 이용한다. 생트뵈브는《월요한담Causeries du Lundi》과《문학적 초상화Portraits littéraies》와 같이 포르루아얄Port-Royal에 관한 자신의 대작에서 후대 사람들이 능가하기는커녕 결코 다시 도달할 수 없는 문학적 초상의 새로운 형식과 새로운 기술을 만들어냈다. '환경'의 전능에 관한 텐의 이론은 그에게 자연주의적 역사가의 시선에서 역사가 단순히 대중 운동으로 용해됨을 의미하지는 않는다. 텐은 자신이 연구한 각 시대의 정신적 내용을 개별 인간의 고찰을 통해 보여주고 이 정신적 내용을 완전하고 구체적인 확실성에서 보려 했다. 텐은, 기본적으로 신화도 언어도 없으며 단지 말을 사용하고 형상과 개념을 만드는 인간이 있을 뿐이라고 설명한다. "독단은 그 자체로는 아무것도 아니다. 독단을 이해하기 위해 독단을 만든 인간을 보고 16세기의 이런저런 초상과 강하고 힘 있는 대주교의 얼굴이나 영국인 순교자의 얼굴을 주시한다. 진정한 역사는 역사가가 시간의 거리를 넘어

살아 있는 사람을 우리 앞에 세울 수 있을 때에야 비로소 우리 앞에 드러난다. 즉 일정한 관습에 의해 지배당하고, 일정한 열정에 사로잡히고, 자기 목소리와 자신의 관상, 자신의 몸짓이 있고 자신만의 옷을 입은 사람, 마치 우리가 방금 거리에서 헤어진 사람을 명확하고 완벽하게 그려낼 때 말이다.""개인이 속하지 않은 사물의 존재는 아무 의미도 없다.""언어, 법 제정, 교리 문답서는 여전히 뭔가 추상적인 것일 뿐이다. 구체적인 것, 참으로 실재적인 것은 행동하는, 육체적인 눈으로 볼 수 있는 인간이다. 먹고 일하고 심장이 뛰는 인간 말이다. 헌법이론과 헌법의 작동, 종교이론과 종교의 체계를 내버려두고 대신 작업장에서, 사무실에서, 들판에서 그들의 태양과 땅과 그들의 집과 옷과 그들의 식사 시간이 있는 인간을 보도록 하자. 이것이 역사에서의 첫발이다."[45]

이보다 더 날카롭고 더 허심탄회하게 개인에 대한 신념을 말할 수는 없어 보인다. 그러나 결국 무엇이 텐에게 개인 자신인가? 또 우리는 어디에서 그 본질의 핵심을 찾아야 하는가? 17~18세기의 인본주의의 경우 이 핵심이 '단자적' 존재에 있었던 것처럼 텐에게 이 핵심은 더 이상 '살아서 발전하는 각인된 형식'에 있는 것이 아니었다. 그것은 오히려 육체적-심리적인 소재, 즉 개별 인간이 지배당하고, 사로잡히게 되는 근본 충동에 있다. 우리가 한번 이 본능을 이해하면 인간을 전체적으로, 온갖 상상과 사유, 관념과 이상을 가진 존재로 보게 된다. 발전사의 관점에서 보았을 때 인간은 좀 더 높은 종의 동물일 뿐, 그 이상일 수는 없다. 누에가 고치를 틀고 벌이 집을 짓는 것과 같은 필요성 때문에 시와 철학 체계를 만들어내는 동물일 뿐이다.

여기서 개인에 대해 이야기한 것을 슈펭글러 역사철학에서의 '문화 영혼'으로 고쳐 쓸 수 있다. 텐이 설명하길, 우리 정신은 시계처럼 수학적으로 구성되어 있다. 그래서 문화 영혼을 둘러싸고 희미하게 비치는 낭만적이고 신비로운 빛에도 불구하고 슈펭글러에게 문화 영혼은 하나의 기계인데, 언젠가 우리가 원동력을 알아낼 수 있다면 이 기계의 과정을 일일이 규정하고 예견할 수 있을 것이다. 개별적인 것들은 이 톱니바퀴 장치에 완전히 매어 있다. 개별자의 독립적인 창조력은 환상일 뿐이다. 괴테와 베토벤이 어린 시절에 죽었더라면 독일 문화는 다른 모습이었을 것이고 전혀 다른 진행 과정을 겪었으리라고 믿는 것은 잘못이라는 것이다. 문화 영혼의 활동 과정은 이런 식으로 변하지는 않았을 것이다. 그들이 없었다면 그들이 수행했던 것은 다른 인물이 대신했을 것이다. 어떻게 이런 입장에서 의미와 시원이 완전히 극단적이고, 반대로 보이는 두 가지 동기가 섞여 있는지를 관찰해보는 것은 체계적으로도 정신사적으로도 대단히 흥미롭다. 헤겔의 역사철학은 자유를 세계사의 실로 주요한 주제로 보고, 세계사를 "자유의 의식에서의 진보"라고 정의한다. 동양인은 오로지 "*한 사람이* 자유롭다는 것을 알았을 뿐이고 그리스와 로마 세계는 *몇몇 사람이* 자유롭다는 것을 알았다. 그러나 모든 인간 자체, 다시 말해 인간은 인간으로서 자유롭다는 것을 우리가 안다는 것은 동시에 세계사가 지정한 것이다. 철학은 정신의 모든 속성이 자유에 의해서만 존속하며 모든 것이 자유를 위한 수단일 뿐이며 모든 것이 자유를 찾고 만들어낸다는 것을 우리에게 알려준다. 자유가 정신의 유일하게 참된 것이라는 것이 사변철학의 인식이다."[46] 그러나 헤겔은 철학으로 하여금 이 명제를 명제로 수립할 뿐만 아니라 증명하기를 요구한다. 이 명제는 헤겔에 따르면 변증법적인 방법과 이 방법 속에 내재된 논리적 필연성에 의해 증명될 수 있다. 헤겔에 따르자면 칸트와 피히테는 이것을 증명하지 못했다. 그들에게 자유는 하나의 이상이었지만, 또한 그 자체로 "단순한 당위의 무력"으로 비난받은 이상으로 남아 있었다. 당위에서 존재에 이르기 위해 관념과 실재가 최종적으로 서로 화해하기 위해서는 현실적인 것은 모두 이성적이고, 이성적인 것은 현실적이라는 것을 보여주어야 한다. 프랑스 자연주의는 헤겔 체계의 내용적 전제와는 먼 거리를 두지만 *방법적* 전제를 결코 포기하지 않았다. 이 범주의 사상가들이 그들의 경험적-과학적 도구를 콩트의 이론에서 얻어낸다면 다른 한편으로는 헤겔의 논리학과 현상학도 그들에게 강하게 작용했다. 텐은 헤겔의 논리학을 읽은 것이 자신의 유년 시절에 겪은 결정적인 사건에 속한다고 전했고 이 괴물을 소화해내는 데 6개월이 필요했다고 덧붙였다.[47] 그는 전 생애에 걸쳐 온갖 경험주의에도 불구하고 사실적인 것과 우연적인 것에서 필연적인 것으로 파고들어가려는 희망에 젖어 있었다. "우리는 우연적인 것으로부터 필연적인 것으로, 상대적인 것으로부터 절대적인 것으로, 가상(假像)으로부터 진리로 나아간다."[48] 텐에게 이것은 더 이상 예전처럼 사변적 철학이 아니라 경험과학의 커다란 과제로 보였고, 19세기 과학은 그 과제를 실현하고 완성하는 데 가까워지고 있다고 믿었다. 르낭Ernest Renan도 그의 젊은 시절의 청년기 작품《과학의 미래L'Avenir de la Science》에서 이처럼 완성이 가까워졌다는 희망을 피력했다. 과학은 종교가 약속했으나 해내지 못했던 것을 이루어낼 것이다. 과학은 새로운 인류를 창조하고 이 인류에게 행복과 평화를 마련해 줄 것이다. 이것은 르낭 자신이 실증과학과 만나기 전에 씌어졌다. 이것은 스물다섯의 르낭이 자신 앞에 떠오르는 일종의 감격적인 예견 속에서 보았던 장면이다. 그러나 르낭이 자기의 길을 점점 더 나아갈수록 자신의 원래의 작업, 즉 문헌학자와 종교사가, 신화사와 종교사에 관한 비평가로서의 일에 몰두할수록 이 장면에는 점점 더 깊은 그림자가 드리워진다. 이제 그는 우리가 과학에 대해 단순히 이론적 요구가 아니라 윤리적 요구를 한다면, 그러니까 과학은 인식의 도구만이 아니라 삶의 형성을 위한 진정한 기관으로 쓸모가 있기에는 부적당한 것이 아닐까 하고 묻는다. 르낭은 이 질문에 점점 더 긍정하는 경향이 있다. 그러나 그럼으로써 동시에 자신의 발 아래 있는 땅이 꺼져버릴 위험에 처한다. "종교적 인간은"——이렇게 르낭은 일기장의 어느 기록에서 말한다——"그늘에 의해 산다. 우리는 그늘의 그늘에 의해 산다. 우리 다음 사람들은 무엇에 의해 살 것인가?"[49]

여기서 갑자기 자연주의 인생관과 과학 이상 속에 하나의 단절이 보인다. 이제 점점 더 위협적으로 이런 질문이 자연주의 앞에 제시된다. "우리 다음에 오는 사람들은 무엇에 의해 살아갈까?" 콩트는 이때 드러난 틈새를 새로운 실증주의적이고 사회지배적인[50] 종교의 모범을 기획하고 새로운 의식, '대지'의 의식을 도입함으로써 메울 수 있었다. 그러나 이로써 그는 이미 자신의 고유한 방법론을 포기했고, 논리의 비약 μετάβασις εἰς ἄλλο γένος[51]을 감행한 것이었다. 이런 과정을 피하려면, 즉 실증주의와 자연주의의 길을 끝까지 가려고 하면 출발점이었던 낙관적인 미래의 희망 속에서 점점 더 실망하는 자신을 본다. 프랑스 자연주의자들 가운데 아무도 이 비관적인 분위기를 완전히 벗어나지 못한다. 그들은 모두 그들의 과학적 작업을 관통하고 사로잡았던 감격이 "밖으로는 아무것도 움직일 수" 없음을 느낀다. 그들은 실천적인 문제에서는 결국 실망한 채 물러나야 한다. 언젠가 생트뵈브는 자신이 단 한 번도 자신의 의혹에 대해 확신을 갖지 못한 근본적으로 우울한 비관주의자라고 했다.[52] 텐은 훨씬 더 결정적이고 선언적이다. 그리고 역사가로서 역시 이런 입장을 부정하지 않았다. 그의 역사적 주저 《현대 프랑스의 기원 Les Origines de la France contemporaine》은 텐이 그렸던 저 방법론적 이상을 실현하는 것과는 매우 거리가 멀다. 이 저작 어디에서도 덕과 고뇌, 황산염과 설탕은 다루어지지 않는다. 텐은 《현대 프랑스의 기원》 서문에서 자연과학자가 다루는 방법이 역사가에게 허락되어야 한다고 단언하기는 했다. 역사가는 자신의 대상을 아무런 셈 없이 관찰하고, 곤충의 변태를 서술하는 것처럼 프랑스의 정치적 발전을 서술할 것이다.[53] 그러나 그의 서술에 몰두해보면 그가 그려낸 사건 어디에서나 열정적으로 참여하고 있음을 느낀다. 단지 사건을 서술하기만 하고 일반적 원인, 즉 인종과 환경, 시기라는 세 요소로 설명하는 대신 텐은 시험하고 바로잡고 판단하고 가치 평가를 내리고 있다. 그리고 이 판단, 즉 역사가와 심리학자의 판단은 세계사에서 '이념'이 참된 것, 영원한 것, 힘 있는 것이라고 하는 헤겔식의 세계사의 전형과는 거리가 멀다. 어떻게 우리는 여기서 관념의 승리를 믿을 수 있을까? 역사 과정이 완전히 다른 방식과 완전히 다른 시원을 가진 가혹한 현실에 의해 결정된다는 것을 어찌 우리가 알 수 없단 말인가? 역사 과정 곳곳에서 우리는 단지 경험적 *인간*을 다시 발견하고, 이 경험적 인간은 그 성질을 어디서도 부인할 수 없다. 텐에 따르면 우리는 '완전성'의 꿈을 포기해야 한다. 심리학과 역사는 우리에게 인간의 고유하고 본질적인 특성과 관련하여 단지 문화의 명목상의 진보에 따라 결코 변할 수 없는 완결된 안정성을 가르쳐준다. 인간의 '지혜'의 허상은 사라진다. 우리가 그렇게 부르는 것은 항상 특별히 유리한 상황의 운 좋은 산물일 뿐이다. 그래서 그 산물은 결코 규칙이 아니라 예외다. 텐이 언젠가 특색 있게 표현한 것처럼 그것은 '해후une rencontre'이다. 인류의 성격은 저 '우연한 명중탄'에 의해 동요되지 않으며 변하지도 않는다. 자연주의는 파우스트의 지식욕과 유일하게 인류의 구원을 가져올 수 있다는 지식의 신격화와 함께 시작되었다. 그러나 그 믿음, 곧 과학이 인간의 성질을 인식할 수 있을 뿐만 아니라 인간의 약점과 결함을 고치려는 사명을 갖고 있다는 믿음은 자연주의 사상가들이 역사가와 심리학자로서 이 성질의 내면을 들여다볼수록 점점 더 사라진다. 텐은 필딩Henry Fielding[54]의 현실주의적 예술을 묘사하면서 말하길, "자연이라 부르는 것은 비밀스럽고, 종종 악하고, 보통은 천박하며 점점 맹목적인 열정의 부랑아 무리다. 이 열정이 우리를 들여다보고, 우리가 열정을 감추려고 애쓰는 외적인 어려움과 이성의 외투로 대충만 가리고서 우리 속에서 하품을 하고 있다. 우리는 열정을 지배한다고 믿고 있으나 열정이 우리를 지배한다. 우리는 우리의 행위를 허락한다. 그것은 열정의 행위다. 열정은 너무 많고 폭력적이고 서로서로 얽혀 있으며 너무 빨리 깨어나고 갑자기 떨어져나가며 서로를 휩쓸리게 해서 열정의 흥분은 우리 이성의 모든 근거와 그것을 제어하려는 우리의 모든 시도를 벗어난다."[55] 여기서 헤겔식 역사관의 흔적은 더 이상 발견되지 않는다. 우리는 쇼펜하우어의 지혜와 메피스토의 지혜만을 들을 뿐이다.

지상의 작은 신은 언제나 같은 모습으로
천지 창조의 첫날처럼 그렇게 기묘하지요.[56]

어떤 경우든 우리에게 닥친 것은 기본적으로 전체 자연주의적 문화철학이 서 있는 *발전 개념*의 위기다. 발전의 변증법적 의미는 헤겔의 체계에서 나타나듯 모든 발전이 유일한 최상의 목적을 향해 있다는 것과, 그 발전이 '절대 이념'의 실현이라는 것에 대해 전혀 의심하지 않게 한다. 이 목적론적 특징은 발전 개념이 이상적 관념주의의 의미를 잃고 순수하게 경험적이고 자연적인 특징 속에 나타날 때도 완전히 사라지지 않았다. 콩트와 스펜서에게도 자연이 그 자체로 진보와 분화 그리고 더 높은 형성의 법칙 아래 있다는 것이 유효했기 때문이다. 그래서 트뢸치Ernst Troeltsch가 다음과 같이 말한 것은 정당하다. "스펜서의 발전이론은 변증법의 완결된 경험적, 반성적 대응물인데, 그것은 어떻게 그가 최초의 자극을 콜리지S. T. Coleridge에 의해 매개된, 증대되는 조직과 개별성으로 상승하는 생(生)에 관한 셸링의 사유에서 얻고, 이 사유를 다시 그에게 자명한 실증적이고 자연과학적인 사고방식으로 변화시켰는가 하는 것이다."[57] 스펜서 자신에게 이 발전 개념의 이중성은 숨겨져 있었음이 분명했다. 모든 경험주의와 불가지론에도 불구하고 스펜서는 자신의 체계 토대에서 여전히 매우 '무분별한' 형이상학자였기 때문이다. 그러나 생물학적 인식의 전제 조건은 여기서 더 *비판적*으로 소개되어야 했고 새로운 문제를 드러내야 했다. 비판적 파악은 발전의 순수한 인과적 이론이 자연 내에서와 인류 역사 내에서의 '진보'에 대한 증거를 그다지 가져올 수 없음을 보여주어야 한다. 과학적 객관성의 법칙을 매우 엄격히 실행하려 했다면 여기에는 체념에의 복종, 즉 시초의 고도로 긴장된 기대에 비해 계속 실망을 느껴야 하는 체념만이 남아 있었다.

(8) 비판적 문화철학: 인간의 주관적 책임의 인식
이 모든 것으로부터 우리는 어떤 결론을 이끌어내야 하는

가? 학문이 우리의 희망을 충족시켜주지 못하고 학문의 약속이 지켜지지 않았다고 학문을 탓해야 하는가? 더 나아가 우리는 종종 경솔하게 그랬듯이 학문의 '파산'을 선고해야 하는가? 그것은 너무 성급하고 어리석은 일이다. 학문이 잘못 던진 질문에 대한 대답을 빚지고 있다면 그것은 학문의 죄가 아니다. 학문이 우리에게 객관적 사실의 법칙을 점점 더 예리하고도 정확한 틀에서 알도록 가르쳐주어야 할 뿐만 아니라 그것을 넘어 자신의 미래와 인간 문화의 미래를 예측해야 한다고 요청하는 것은 잘못된 문제 설정이자 그릇된 요구이다. 그런 예정은——물론 우리는 이것을 고백하고 동의해야 한다——경험적이고 귀납적인 방법으로도, 변증법적이고 사변적인 방법으로도 가능하지 않다. 이런 방식의 '예정'은 정신적 사건의 영역에서뿐만 아니라 자연 현상의 영역에서도 문제가 되고 있다. 완전한 예측을 하리라는 이상, 라플라스 정신의 의미에서의 이상도 우리는 포기해야 한다. 그것으로 인과 개념이 결코 포기되는 것은 아니다. 그러나 그것은 다른 틀을, 인식론적으로 볼 때 결함이 덜한 틀을 얻게 된다.[58] 고전물리학의 토대 위에서 헬름홀츠Heinrich Helmholtz처럼 비판적 사고를 하는 물리학자는, 자연과학자로부터는 일반적인 의미에서 인과율 증명을 기대할 수도, 요구할 수도 없다고 말한다. 자연의 탐구만을 위해서는 오직 경험적 증명이 문제되는데, 경험적인 증명은 빠져나올 수 없는 원에 우리를 얽어매기 때문이다. 그러나 헬름홀츠에 따르면 자연과학이 그의 길을 계속 가는 것을 방해하지는 않는다. 자연과학에는 하나의 충고가 통용된다. "신뢰하라. 그리고 행동하라!" 연구는 연구에 통용되는 내재적인 규칙으로서의 인과율을 전제해야 한다. 그리고 연구가 진척되면서 이 규칙이 어디까지 점점 더 풍부하고 구체적이고 경험적인 내용을 충족시키는지, 그에 따라 규칙을 확인하고 유지할 수 있는지 보아야 한다.[59]

이것이 물리학자에게 통용된다면 훨씬 더 명료하고 함축적인 의미에서 모든 정신과학에도 유효하다. 문화의 미래 모습은 미리 얻을 수 없으며 그것은 문화의 현재와 역사적인 과거에 관한 우리의 모든 경험적 지식을 통해 완전히 결정될 수 없다. 그리고 철학도 우리의 경험적 인식의 한계를 자의적으로 넘어설 수는 없다. 철학은 비판철학으로 일반적인 문화의 기본 방향을 인식하려 한다. 철학은 '형식부여'의 보편적 원칙을 이해하려 한다. 그러나 철학 역시 미래를 예측할 수 없다. 최소한 자연적 존재와 현상이 문제인 곳뿐만 아니라 인간의 행위가 문제인 곳에서는 말이다. 행위는 실행되는 가운데서만 인식되며 실행하면서 비로소 그 안에 놓인 가능성을 깨닫게 된다. 행위는 처음부터 명확하게 구분되는 일정한 가능성의 테두리에 묶여 있는 것이 아니라 계속해서 새로운 가능성을 찾고 만들어야 한다. 이러한 추구와 창조는 원래 위대한, 진실로 생산적인 개인의 업적이다. 계속해서 나타나는 인간의 운명과 미래에 대한 불확실성은 비판적 문화철학을 피할 수 없다. 이 불확실성은 역사적 결정주의의 한계, 즉 예측의 한계를 인정해야 한다. 여기서 말할 수 있는 전부는, 결국 우리 자신으로부터 마련되어질 수 있는 형식 형성의 힘이 망가지거나 마비되지 않는 한 문화는 존재하고 진보하리라는 것이다. 우리는 *이러한* 예측을 할 수 있으며 이 예측만이 우리 자신과 우리 자신의 행위와 우리 자신의 결정을 위해 유일하게 유익한 것이다. 왜냐하면 이 예측은 처음부터 우리에게 객관적 목표의 필연적 실현을 확신시켜주지 않지만 이 목적에 대해 우리 자신의 주관적 책임을 인식하게 하기 때문이다. 여기서 우리의 무지는 단지 부정적인 의미뿐만 아니라 결정적으로 긍정적인 의미를 얻게 된다. 헤겔은 자신의 역사철학에서 이성이 실체이며 무한한 힘이라는 것에 대한 결정적이고 사변적인 증명을 제시하려고 했다. 헤겔에 따르면 이를 위해 우리는 무엇보다 이성이 "이상에까지, 당위성에까지 도달할 만큼 무력하지는 않다"[60]는 통찰에 이르러야 한다. 그런데 증명의 *이런* 형식은 깨졌다. 헤겔식 체계의 토대에 대한 비판은 그 근본을 무너뜨렸다. 헤겔의 이념의 의미로부터 다시 칸트의 이념의 의미로, 즉 '절대권력'으로서의 이념으로부터 다시 '무한한 과제'의 이념으로 돌아가려면, 헤겔식 역사철학의 사변적 낙관주의는 포기되어야 한다. 동시에 인간은 몰락의 예고와 몰락의 비전을 가진 숙명적 비관주의를 면하게 될 것이다. 인간 행위는 다시 자신의 힘에 의해, 자신이 책임을 지고 결정할 자유로운 길을 갖게 되고, 문화의 방향과 미래가 이런 결정의 양식에 좌우되리라는 것을 알게 될 것이다.

해·제 ― 상징형식 철학으로 본 인간과 문화

1. 에른스트 카시러의 생애

에른스트 카시러Ernst Cassirer는 언뜻 보기에 매력적인 인물이 아니다. 하이데거처럼 화려한 수사와 암호와도 같은 신조어로 자기 철학의 독특함을 주장하지도 않고 비판이론가들처럼 근대와 근대의 병리현상으로서 전체주의에 대해 극단적인 비판을 가하지도 않았다. 그는 1933년 나치당의 집권 직후 망명길에 올라 철학을 통해 그 시대의 정치적 문제와 씨름하겠다던 혼자만의 맹세를 묵묵히 지켰다. 카시러는 1차 세계대전의 발발과 패전 그리고 그 여파로 일어난 혁명, 나치 전체주의와 2차 세계대전이라는 유럽의 격동기를 철학자로서 누구보다도 '냉철하게' 살다 갔다.

1921년 겨울 카시러의 집에 모인 각 분야의 학자들과 함께 자신의 상대성 원리에 대해 의견을 나누던 아인슈타인Albert Einstein은 카시러를 다음과 같이 정확하게 평가했다.

카시러는 우리 세대에 몇 안 되는, 인간에 대한 믿음을 지켜나가도록 도와주는 사람 가운데 한 사람이다. 이전에는 보기 힘들었던 맑고 정갈한 정신과 원숙하고 이해심 많은, 그러면서도 꼿꼿하고 자연스러운 기품을 갖춘 사람이다. 그의 작품들은 일반적인 인식의 문제와 씨름하는 모든 사람에게 빛을 줄 뿐만 아니라 예술가만

이 줄 수 있는 순수한 희열을 선사할 것이다.[61]

  카시러 철학에 흐르는 기본 정신은 한마디로 '인간에 대한 믿음'이다. 그의 상징형식 철학은 이 믿음이 얼마나 확고한 철학적 기반을 토대로 한 것인지를 보여준다. 그는 인간에 대한 믿음이 확고한 만큼 인간에 대한 믿음을 저버린 상황에 대해 단호하게 대처했다. '이성'에 의해 수립되었으나 심정적으로 환영받지 못한 공화국을 지키기 위해 할 수 있는 모든 노력을 기울였고, 자신의 힘으로 더 이상 어쩔 수 없다고 판단하자 그가 그토록 자부심을 가졌던 영혼의 조국, 예술과 철학의 나라 독일을 홀연히 떠나버렸다.

  카시러는 1874년 지금의 폴란드 브레슬라우에서 부유한 유대인 상인의 장남으로 태어났다. 1892년 인문 고등학교를 마치고 아버지의 권고에 따라 베를린 대학교에서 법학 공부를 시작한다. 그러나 여러 분야에 관심이 많았던 카시러는 곧 법학이 자신의 길이 아님을 깨닫고 대학을 옮겨 다른 분과, 특히 철학과 문학, 역사 등을 공부한다. 라이프치히와 하이델베르크, 뮌스터를 거쳐 다시 베를린으로 돌아온 카시러는 마침내 자신의 기대와 욕구를 채워줄 수 있는 분과가 철학임을 확신한다. 카시러는 베를린 대학교의 젊은 사강사(私講師)였던 게오르크 지멜Georg Simmel에게서 칸트 강의를 듣게 된다. 지멜은 헤르만 코엔Hermann Cohen의 새로운 칸트 연구서를 언급하며 당대 최고의 칸트 연구서이지만 자신은 거의 이해하지 못했다고 말한다. 카시러는 이 말을 듣고 곧바로 코엔

과 칸트를 읽기 시작한다. 어느 정도 기초 지식을 쌓은 카시러
는 코엔에게 직접 배우기 위해 마르부르크로 학교를 옮긴다.
마르부르크에서 카시러는 코엔 스쿨의 촉망받는 학생으로 공
부하게 된다.

당시는 독일 관념주의의 주관주의에 대한 비판과 함께 칸트
로 돌아가자는 운동이 활발했는데 철학사에서는 이를 신칸트
주의라 한다. 신칸트주의는 코엔과 나토르프Paul Gerhard
Natorp를 중심으로 하는 마르부르크학파와, 서남독일을 근
거지로 하여 활동한 빌헬름 빈델반트Wilhelm Windelband
와 하인리히 리케르트Heinrich Rickert의 서남독일학파에
의해 주도 되었다. 서남독일학파가 과학적 인식의 한계를 지
적하고 '정신과학'의 논리를 전개하여 가치론을 발전시켰다
면, 마르부르크학파는 칸트의 인식론, 특히 칸트가 《순수이성
비판》에서 추구한 과학적 인식의 한계와 가능성에 대한 연구
에 몰두하여 이 과학적 인식의 토대 위에 윤리학과 미학, 종교
철학을 세우려 했다.

카시러는 1889년 〈수학적 · 자연과학적 인식에 관한 데카
르트의 비판Descartes' Kritik der mathematischen und
natur-wissenschaftlichen Erkenntnis〉이라는 논문으로 코
엔과 나토르프에게서 박사학위를 받는다. 학위를 마친 카시
러는 1902년 빈 출신의 토니 본디Toni Bondy와 결혼해 뮌
헨에 잠깐 머문 뒤 베를린에 정착하여, 베를린 대학교에서 사
강사 생활을 하며 한편으로 교수 자격시험 논문Habilitation
을 준비한다. 1906년 《근대 철학과 과학에서의 인식 문제》라

는 방대한 저작 가운데 첫 번째 책을 출간하고 그 책을 교수 자격시험 논문으로 제출한다. 그러나 유대인이라는 이유로 시험 일정이 늦겨졌을 뿐만 아니라 심사에서도 난관에 부딪히게 되었다. 동료 교수들을 설득한 빌헬름 딜타이Wilhelm Dilthey의 강력한 추천으로 어렵게 심사를 통과했다.

베를린은 카시러에게 고향이나 다름없었다. 그가 대학 공부를 시작한 곳이며, 마르부르크에 있는 사이에 가족도 모두 베를린으로 이주해 있었다. 가까운 가족 외에도 많은 친지들이 살고 있었고 그들 가운데 상당수가 당시 독일 학계, 문화계, 경제계를 이끌던 지도적 인물이었다. 대표적인 몇 사람을 꼽자면 사촌인 쿠르트 골트슈타인Kurt Goldstein은 유명한 심리학자였고, 신경학자 리하르트 카시러Richard Cassirer와 미술책을 전문으로 출판한 브루노 카시러Bruno Cassirer가 있다. 사업가이자 미술품 수집가로서 당시 제대로 평가받지 못하던 고흐의 그림을 사들이고, 베를린 국립 미술관을 위해 소장품을 수집하기도 한 파울 카시러Paul Cassirer 역시 제국 말기 베를린의 문화 · 예술계를 이끈 유명 인사였다.

(1) 1차 세계대전의 소용돌이 속에서

1914년 1차 세계대전이 일어나자 독일은 전쟁에 대한 환호로 술렁였다. 많은 독일 지식인들은 서로 다른 이유에서, 즉 민족적 자부심이나 생철학적 해방감을 이유로 전쟁에 참가한다. 독일 지식인들은 "1789년의 정신"으로 표상되는 서유럽의 정치적 계몽에 반대하여 독일적인 "1914년의 정신"을 내

세웠고, 전쟁을 서유럽과 독일의 불가피한 문화적 대결로서 정당화했다.[62) 이에 비해 카시러는 전쟁에 대해 시종일관 냉정한 태도를 보였는데 이는 당대 대다수 지식인들에게서 보기 힘든 철학적 통찰과 역사적 혜안에서 나온 것이다. 서유럽에 대한 독일의 특수성과 우월감이 전쟁을 정당화하자 카시러는 독일이 얼마나 유럽적인가, 유럽은 또 얼마나 독일의 정신적 유산에 힘입고 있는가를 보여줄 의무를 느낀다. 이는 카시러가 전방에서 치열한 전투를 치른 것이 아니라, 후방에서 독특한 전쟁 체험을 했기 때문에 얻을 수 있었던 결론이기도 하다.

카시러는 가벼운 피부 질환 때문에 병역에서 면제되는 대신, 베를린에서 인문고등학교 선생으로 일하기도 하고 전시 공보실의 프랑스과에서 문관으로도 근무한다. 프랑스 신문을 읽고 거기서 독일의 여론을 움직이는 데 유리한 부분을 발췌하거나 짜 맞추는 것이 그의 임무였다. 전쟁을 둘러싸고 벌어진 이런 조작과 기만은 카시러에게 많은 상처를 남겼다. 그는 전쟁 속에서 독일의 진정한 모습과 진리가 사라질 위험에 처하게 되는 것을 목도한 것이다. 그리하여 카시러는 전시 공보실 작업과 병행하여 《자유와 형식 *Freiheit und Form*》[63)이라는 책을 써나간다.[64) 독일의 철학과 문학, 예술이 보여준 인간에 대한 신뢰와 독일이 서유럽과 공유한 지적 전통을 고찰함으로써 전쟁에 굴복한 지성의 야만성과 전쟁이 정당화한 억견의 실체를 드러내야겠다고 생각한 것이다. 독일이 서유럽과 단절되어 독자적인 길을 걸어왔다는 주장은 카시러가 보여주는 서구 정신사에 따르면 유지될 수 없다. 유럽 근대 정신은 이탈리아 르네상스에서 시작되어 독일의 종교개혁과 프랑스의 계몽주의로 계승되었기 때문이다. 이에 대해 트뢸치는 서유럽 정신사에는 독일 중세의 신비주의가 결여되어 있음을 지적했다. 즉 신비주의 경험이 독일을 서유럽과 차별화시킨다는 것이다. 그러나 이는 카시러가 신비주의를 간과한 것이 아니라, 서유럽과의 차별성에도 불구하고 명백히 드러나는 독일의 유럽적 전통과 유럽적 전통에 기여한 독일의 역할을 강조하고자 한 것이다. 트뢸치의 주장이 타당하다고 해도 독일의 독자성과 차별성이 반드시 서유럽에 대한 독일의 우월감을 의미하지도 않으며, 더욱이 결코 전쟁을 정당화하는 이유가 될 수는 없다. 《자유와 형식》을 통해 카시러는 비로소 사회 현실에 철학적으로 대응하기 시작했을 뿐 아니라 서로 비교할 수 없는 차원들의 독자적 존립과 통일성에 관심을 갖기 시작한다. 카시러는 전쟁 중에도 칸트 전집을 편찬하고 그 전집의 부록으로 《칸트의 생애와 학문 *Kants Leben und Lehre*》[65] 이라는 평전을 쓴다. 이 평전을 계기로 카시러의 칸트 해석은 마르부르크 학파를 떠나 독자적인 길을 가기 시작한 것으로 보인다. 여기서 카시러는 더 이상 순수이성의 과학적 인식에만 관심을 갖는 것이 아니라 칸트의 제3비판서의 주제인 '판단력 비판'을 새롭게 조망하기 시작했기 때문이다. 이러한 관심의 변화는 훗날의 상징형식 철학의 등장을 예고하는 것이다.

패전과 혁명의 혼란에 휩싸인 독일에서 전쟁 초기의 환호와 열성은 재빠르게 허탈과 책임 회피와 비난으로 변한다. 독일은 하룻밤 사이에 군주국에서 공화국이라는 새로운 체제로 전환되었다. 이와 더불어 카시러의 삶에도 커다란 변화가 생겼다. 카시러는 경제적인 측면에서 전혀 어려움이 없었기에 조용히 연구에만 몰두할 생각이었다. 그러나 스승인 코엔은 카시러에게 교수직 지원을 적극 권장한다. 유대인으로서 정교수가 된다는 것은 당시 독일의 상황에서는 결코 쉬운 일이 아니었다. 혁명과 그에 따른 바이마르 공화국의 선포는 이런 독일의 상황을 완전히 바꿔놓았다. 역사학자 피터 게이Peter Gay가 표현한 대로 바이마르 공화국은 "아웃사이더의 공화국"[66]이었고, 대표적 아웃사이더였던 유대인과 지식인이 독일의 사회, 문화, 정치에서 주류 세력으로 등장할 기회를 얻은 것이다. 전쟁을 통해 고조된 민족주의와 문화적 우월감에 대한 자부심은 전후에도 이어져, 전쟁에서의 패배를 정신적으로 극복해야 한다는 목소리에 힘입어 자유로운 상업 도시 함부르크에서도 새로운 대학 설립이 논의되었다. 카시러는 이런 역사적 요청에 의해 세워진 함부르크 대학에 교수로 초빙되었다. 전후의 어려운 상황에 처해 있던 카시러는 함부르크에서 학문적 역량을 펼칠 수 있는 기회를 갖게 되었을 뿐 아니라 뜻하지 않게, 그러나 우연이라고만 할 수 없는 바르부르크 도서관과의 만남도 갖게 된다.

대학 교수직은 카시러에게 다양한 경험을 쌓을 기회를 주었다. 아인슈타인을 비롯한 당대 지식인들과 학문적 토론의 기회를 얻었고, 동시대인들에게 비상한 관심을 불러일으킨 하이데거와의 다보스 논쟁도 있었다. 1929년 스위스의 휴양 도시 다보스에서 제2회 '다보스 대학과정Davoser Hochschulkurse'[67]

이 개최되었다. 일종의 하계 대학인 이 행사는 1차 세계대전 이후 유럽의 화해와 협력을 위해 각 나라, 특히 독일과 프랑스의 지식인과 학생들이 만나 세미나와 강의를 통해 의견을 나누는 자리였다. 여기에 함부르크 대학의 카시러와 프라이부르크 대학의 하이데거가 초대된 것이다. 두 철학자의 만남은 당시에도 그리고 후세에도 카시러와 하이데거라는 두 철학자의 개인적 논쟁일 뿐 아니라, 지나간 세대를 대표하는 신칸트학파와 떠오르는 세대를 대표하는 현상학적 실존주의의 격돌로 평가된다.[68] 물론 참석자들의 지나친 기대는 카시러가 이미 순수한 신칸트주의를 떠나 자신만의 상징형식 철학을 구축하고 있었다는 것을 간과한 것에도 기인한다. 카시러는 네 차례의 강의를 통해 동시대의 다른 철학 조류인 베르그송Henri Bergson의 생철학과 하이데거의 실존주의, 그리고 셸러Max Scheler와 플레스너Helmut Plessner의 철학적 인간학과는 다른, 자신의 문화철학을 부각시키고 차별화해야 했다. 무엇보다 죽음에 관한 카시러의 강의는 그의 문화철학과 관련하여 흥미를 끈다. 하이데거는 죽음의 문제가 철학적으로 다루어질 수 없으며 이것이 바로 인간의 한계와 생의 불안이라는 실존적 상황의 근원이라고 보았다. 반면에 카시러는 인간에게 문제가 되는 것은 죽음에 대한 두려움이 아니라 그것의 극복이며, 그것이 철학적으로 가능하다고 본 것이다. 플라톤이 죽음을 철학적으로 극복했다면 셸러는 심미적으로 또는 다른 많은 경우에는 종교적으로 극복할 수 있었다. 유한한 존재인 인간이 죽음을 극복하는 방법은 이렇게 자신이 유한한 존재라는 것을 명확히 아는 것이며, 안다는 것은 그 앎을 상징형식을 통해 표현하는 것이다. 안다는 것은 아는 것을 상징형식화하는 것이며, 죽음의 상징형식화는 곧 죽음의 객관화를 통해 죽음을 인간적으로 극복한다는 것이다. 카시러에게 궁극적으로 중요한 문제는 죽음의 극복 가능성이 아니라, 죽음과 같은 인간 실존의 문제를 철학의 영역에서 다룰 수 없다고 밀어내 버리는 것이었다. 철학적 해석 불가능의 선언은 문제를 다시 종교와 신화의 영역으로 제한하게 되며, 이는 서구 근대가 추구해온 방향과는 반대 방향으로 나아가는 것이고, 바로 이것이 당대 유럽 문화의 위기라고 본 것이다.

(2) 공화국을 지키기 위한 철학적 작업

카시러가 자신의 능력을 마음껏 발휘할 수 있었던 교수 생활은 바이마르 공화국의 불안과 위기로 순탄하지만은 않았다. 그는 점점 고조되어가는 반유대주의와 반민주적인 경향에 맞서 새로 탄생한 공화국을 방어하고, 학문과 인간의 존엄성을 지키기 위해 대학 안팎에서 목소리를 낸다.

1927년 출간된 《르네상스 철학에서의 개체와 우주》는 바로 이런 문제의식에서 출발한 저서다. 이 책에서 상징은 삶을 구체화하고 객관적인 형식에 담아냄으로써 삶을 보편화하는 성질을 갖는 것으로서, 상징 형성은 개별자가 개인성을 넘어 초개인성을 실현하는 과정으로 부각된다. 카시러는 정신과 역사의 맞물림을 상징형식 철학을 통해 체계적으로 보여주는 한편, 이 기획의 역사적 전개를 보여주는 작업으로 르네상스와 독일의 신인본주의 시기에 주목한다. 르네상스는 상징형식 철학의 정신인 자아 형성과 인식을 최고 과제로 삼은 시대이며 이로써 르네상스는 신에 대한 신뢰를 인간에 대한 신뢰로 승화시킨 위대한 시대이기도 하다. 인간에 대한 신뢰란 밖에서 주어진 운명에 순응하기만 하는 것이 아니라 자아 형성을 향한 인간 의지와 능력을 신뢰하게 되었다는 것이다. 카시러는 이러한 변화를 포투나fortuna 상징의 해석이 르네상스에 와서 어떻게 변화되었는가를 통해 설명한다. 포투나는 과거에는 수레바퀴로 해석되어 운명의 불가항력을 의미했다. 그러나 르네상스에 와서 이 수레바퀴는 배의 방향을 조절하는 키로 해석된다. 카시러는 이런 분석을 통해 상징형식 철학의 체계적 수준을 경험적인 자료를 해석하는 데 응용해보았다고 할 수 있다. 카시러의 르네상스 연구는 물론 이런 학문 내적 의미뿐 아니라 앞에서 말한 대로 정치적 참여의 의미도 컸다. 카시러는 바이마르 공화국의 위기를 무엇보다 점차 커져가는 개인의 자유와 존엄에 대한 위협이라고 간파했기 때문이다. 카시러는 르네상스에 등장한 소우주로서의 인간 이해를 자연과 자유의 대립을 극복하고 인간의 자아 인식을 통해 우주 내에서의 인간의 가치를 발견하기 위한 단초였다고 역설한다.

카시러의 바이마르 공화국을 위한 두 번째, 좀 더 긴박한 철학적 옹호는 계몽철학을 새롭게 평가하는 작업이었다. 나치 정권이 들어서기 바로 전인 1932년 카시러는 독일 낭만주의 철학과 공화국의 신낭만주의 경향을 제대로 이해하기 위해 낭만주의를 가능하게 한 계몽의 정신을 반드시 이해해야 한다고 보았다. 이런 배경에서 《계몽철학*Die Philosophie der Aufkläung*》이 씌어졌다. 낭만주의를 강조하는 것은 필연적으로 계몽철학을 비판하지 않으면 성립되지 않는 것이다. 하지만 낭만주의의 강조는 종종 계몽철학에 대한 불충분한 이해를 동반했다. 카시러에 따르면 계몽철학이 르네상스와 같은 맥락에 있으면서도 확연히 구별되는 것은 인간의 존엄을 철학적으로만 보여준 것이 아니라 그것을 실현하기 위해 정치적으로도 구체적인 제안을 했다는 점이다. 계몽주의 이해에서 간과될 수 없는 것은 바로 이런 정치적 차원이라는 것이다. 이러한 지적은 결국 낭만주의가 결여하고 있는 것이 "정치적인 것"이라는 비판이 될 것이다.

카시러는 교수로서의 명성에 힘입어 함부르크 시가 주관하는 정치적 행사에 참여할 기회를 자주 갖게 된다. 1928년에 8월 11일 바이마르 헌법 선포 기념일에 행한 〈공화주의 헌법의 정신에 대하여Die Idee der republikanischen Verfassung〉라는 연설에서 공화주의 헌법은 인류의 도덕적 성향에 관한 역사적 기록의 의미가 있다고 역설했고, "공화주의자 없는 공화국"이라고 비판받던 바이마르 공화국을 어렵지만 원칙적으로 지켜나갈 것을 호소했다. 특히 1930년 대학이 주관하는 헌법 선포 기념식에서는 대학 총장으로서 〈독일 역사에 나타난 국가관과 국가이론의 변천Wandlung der Staatsgesinnungen und Staatstheorien in der deutschen Geschichte〉이라는 축사를 통해 대학의 정치 참여의 범위와 방식에 관한 자신의 견해를 강하게 표명한다. 대학은 어떠한 정치적 목표에 이용되어서도 안 되고, 정치적 투쟁은 오로지 진리의 법칙에 따라 대학 본래의 의미와 과제 속에서 풀어나가야 한다는 것이었다.

카시러를 비롯한 많은 이들의 우려와 저항에도 불구하고 1933년 나치당 당수 히틀러가 수상에 임명된다. 평소 나치당이 집권한 독일은 더 이상 독일이 아니라고 말했던 카시러는 지체 없이 독일을 떠나 영국으로 망명한다. 함부르크 대학의 총장까지 지낸 카시러에게 이 결정은 그동안 독일에서 쌓아 올린 모든 학문적 성과와 인간관계를 하루아침에 포기해야만 하는 어려운 것이었다. 이미 쉰아홉의 나이가 된 카시러는 이국땅에서 힘겹게 망명 생활을 시작한다. 물론 카시러는 어떤 상황에서도 남을 탓하거나 불평하지 않고 최선을 다하는 성품의 소유자였다고 한다. 우선 영어로 말하기를 연습하여 대학(All Souls College in Oxford)에 강의 자리를 얻고 저술 활동을 계속한다.

1935년에는 스웨덴 예테보리 대학의 초청을 받아 교수가 되었으며, 1939년에는 마침내 스웨덴 시민권을 취득했다. 하지만 전쟁이 북유럽까지 확대되자 1941년 미국으로 건너가 예일 대학과 컬럼비아 대학에서 객원교수로 강의를 했다. 미국에서도 카시러의 논문 발표와 저서 출간은 이어졌다. 카시러는 자신의 상징형식 철학을 미국 독자들을 위해 짧게 소개해 달라는 요청을 받아들여 《인간이란 무엇인가. 문화철학 서설*An Essay on Man. An Introduction to a Philosophy of Human Nature*》을 출간했고, 유럽 대륙에서 전쟁이 점차 고조되자 전체주의 정치 현상의 철학적 토대를 탐구한 《국가의 신화*The Myth of* *the State*》를 집필했다. 카시러는 이 책이 출간되기 전, 1945년 4월 13일 종전을 얼마 앞두고 세상을 떠났다.

2. 바르부르크 문화학 도서관

상징형식 철학은 카시러가 함부르크 대학에 초빙되기 전부터 이미 구상된 것이었다. 그러나 바르부르크 도서관과의 만남이 없었다면 그 풍부한 실례와 경험적 확증을 구할 수 없었을 것이다. 이 독특하고 보기 드문 도서관은 그만큼이나 독창적인 사고를 가졌던 예술사가 아비 바르부르크에 의해 세워졌다.

함부르크 은행가의 아들로 태어난 바르부르크는 본Bonn과 뮌헨, 피렌체에서 공부하고 1891년 스트라스부르에서 박사 학위를 받는다. 학위 논문은 보티첼리Sandro Botticelli의 그림 〈비너스의 탄생〉과 〈봄〉을 통해 이탈리아 초기 르네상스 시기에 고대 그리스와 로마가 어떻게 표상되었는지를 고찰한 연구다. 바르부르크는 은행의 후계자 권리를 기꺼이 포기하고 예술사가가 되기로 결심하여 1900년부터 본격적으로 장서를 수집하면서 장기적으로는 개인 도서관을 계획한다. 처음에는 함부르크에 있는 자신의 집 하일비히가(街) 114번지에 장서를 보관하면서 공식적인 학문이 이제까지 소홀히 했던 영역인 "고대인의 사후 삶Nachleben der Antike"[69]을 연구하기 시작한다. 1926년에는 마침내 자신의 집 옆에 장서를 보관하고 연구할 수 있는 개인 도서관[70]을 지어 소수의 연구자들에게 개방하는데 이것이 현재의 바르부르크 도서관이다. 도서관 현관 문 위에 새긴 그리스어 명문(銘文) MNEMOSYNE (기억)가 바르부르크 서클의 연구 방향을 말해준다. 1913년 프리츠 작슬이 합류해 도서관의 실질적 운영을 맡았고, 1915년에는 에르빈 파노프스키Erwin Panofsky, 1919년에는 카시러까지 합류하여 연구와 강연, 출판 등 활발한 활동을 한다.

1933년 약 6만 권에 달하는 장서가 나치 정권을 피해 런던으로 옮겨지고, 1944년 런던 대학의 부설연구소로 편입되어 오늘날 런던에 있는 바르부르크 연구소Warburg Institut가 되었다. 미술사가 곰브리치Ernst H. Gombrich도 1959년부터 1976년까지 이곳의 도서관장을 지냈다. 1993년 함부르크 시는 바르부르크 도서관 건물을 사들여 대학과 연계해 문화학과 예술사에 관한 세미나와 강연 장소, 바르부르크 재단 사무실로 쓰고 있다.

카시러는 1919년 함부르크 대학 교수가 된 후 처음으로 프리츠 작슬의 안내로 도서관을 구경하고 그 규모와 장서의 종류, 배열의 독특함에 커다란 충격과 감동을 받았다. 철학과 종교, 예술, 과학 분야의 책이 어떤 논리적 연관을 가지고 서로 뒤섞여 꽂혀 있었다. 정신의 역사와 개별 영역을 넘어 존재하는 문화 형성의 보편 원칙을 찾고 있던 카시러에게는 이 장서들의 배열 자체가, 자신의 구상이 하나의 구체적인 형상으로 나타난 것인 양 보였다. 다양한 영역들의 개별 원칙을 넘어서서 역사를 관통하는 하나의 정신 활동의 힘과 원칙은 무엇이며 어떻게 찾을 수 있을까에 대한 방법이 실제로 눈앞에 펼쳐진 것이라고 할 수 있다. 바르부르크 도서관과의 해후는 상징형식 철학의 작업에 몰두해 있던 카시러에게 그의 철학적 기획을 심화하는 커다란 자극과 영감을 주었다.

3. 상징형식 철학의 성립

카시러 문화철학의 중요한 전제는 '표현'과 인간이라는 문제다. 인간의 의식은 표현되지 않으면 시간에 따라 그냥 흘러 다닐 뿐이다. 인간은 이 흐름을 표현하면서 자신을 형성하는데, 이 형성은 어떤 매개를 통해서만 이루어진다. 그 매개를 카시러는 '상징'이라고 불렀다. 인간의 대표적인 매개 수단은 언어다. 그러나 선이나 면, 멜로디를 통해서도 의식의 흐름은 시간을 초월하는 상징으로 구체화, 객관화된다. 구체화란 초경험적인 의식의 흐름이 경험할 수 있는 상징으로 고정된다는 것이며, 객관화란 일차적으로 내 의식의 흐름이 상징화를 통해 나에게 대상화되며 나아가 타인에게도 대상화된다는 것이다.

1920년대 유럽은 1차 세계대전의 여파로 정신적으로 매우 혼란스러운 상태였다. 지적 측면에서 보자면 전통적인 유럽의 이성과 합리성에 대한 도전으로 생(生)과 의지가 세계를 움직이는 근본적인 힘으로 이해되는 시기였다. 이에 따라 이성과 정신의 산물로서의 문명이 아니라 인간 본성에 충실한 원시적 힘을 표출하고 그에 열광하는 것이 예술뿐 아니라 철학과 학문에서도 주류를 이루고 있었다. 따라서 인간의 본성이 아무런 거침없이, 기존의 제도나 관습, 사고의 틀에 얽매이지 않고 그대로 표출되는 것에 큰 가치를 두었다. 심지어는 언어마저도 인간 본성을 억압하는 틀로 생각되었다. 다시 말해 문화라는 것 자체를 인간의 자발성과 개성을 억압하는 틀로 받아들였던 것이다. 이성과 합리에 반기를 든 사람들은 그 대안으로 신화와 신비주의에 관심을 갖게 되는데, 카시러는 신화 역시 문화의 한 형식이며 나아가 독특한 내적 법칙성과 논리를 갖는다는 것을 보여준다. 신비주의 역시 언어를 불신함에도 불구하고 최소한의 언어에 의존하며 그 언어는 어쩌면 어떤 언어보다 고도로 발달된 언어, 카시러의 말을 빌리면 시적 언어일 것이다. 문화 발전이 인간의 자연적 본성을 왜곡한다는 단순한 문화 비관론은 문화의 본질을 제대로 이해하지 못한 것이다. 카시러는 인간이 상징이라는 매개를 통해서만 세계와 대면할 수 있으며, 상징적 동물로서 인간의 문화 세계 형성의 본질을 드러내는 것이 문화철학의 일차적 과제라고 보았다. 이를 위해 그는 '상징형식 철학'이라는 방대한 철학적 기획에 착수한다. 이 기획은 1권 '언어', 2권 '신화적 사고' 그리고 3권 '인식의 현상학'이라는 부제를 달고 각각 1923년, 1925년, 1929년에 걸쳐 세 권의 저서로 출간된 《상징형식 철학》에 집대성되었다.[71]

1장 〈상징형식 개념〉은 카시러의 문제의식, '문화가 인간의 생에 반하는 것인가'에 대한 포괄적 답변을 담고 있다. 카시러는 우선 바르부르크 서클의 연구 방법, 즉 역사적 사실을 구체적이고 개별적으로 탐구해 정신 활동을 전체적으로 조망하는 방법을 이 논문에서 심화시키고 있다. 논문의 서두에서 '되어 감'과 '있음', 즉 시간의 흐름 속의 생성 문제와 그 시간이 고정되어 지속되는 존재 문제가 정신사 탐구와 보편적 정신철학의 문제와 얽혀 있으며 서로가 서로를 포기할 수 없음을 보여준다. 그럼에도 카시러의 상징형식 철학은 정신의 '생성'을 보편적 체계로 끌어올려 '존재'의 형식을 부여하는 방식을 택한다. 정신의 삶이 단지 시간 속에서 해체되지 않으려면 그 속에 지속적인 것을 반영해야만 하기 때문이다.

이런 문제는 인문학의 여러 분야에서도 제기되어 일반 신화론에 대한 요구가 있었으나 단순히 대상을 탐구함으로써 신화의 통일성을 구하려고 했을 뿐 신화를 만들어내는 정신적 영역의 통일된 의식을 포착해내지는 못했다. 카를 포슬러의 언어 연구에서 비로소 개별 영역들의 원칙을 추적하여 각 영역을 관통하는 하나의 보편 원칙에 이르는 방법이 수립된다. 이 방법을 전체 문화형식에 적용한 것이 바로 상징형식들의 통일성을 밝히는 카시러의 작업이다.

(1) 상징

상징은 문화 형성의 '수단'이자 '방법'이다. 상징은 인간의 의식의 흐름을 표출시켜 고정할 수 있는 감각적 수단인 동시에 '상징화'한다는 의미에서 방법이기도 하다. 인간은 그림이나 문자, 기호를 통해 대상을 '모방'하거나 '비유'하거나 '상징'한다. 카시러는 이 모방과 비유와 상징을 넓은 의미에서 '상징'이라 하며 상징을 통해 구축된 고유한 자기 법칙성을 가진 영역들을 상징형식이라 부른다. 언어와 신화, 종교, 예술, 과학, 기술, 역사 서술이 카시러가 다룬 대표적인 상징형식들이다.

우리는 상징이라는 말을 들으면 태극이나 기독교의 십자가, 불교의 만자(卍字)와 같은 종교적 상징을 쉽게 떠올리게 된다. 아니면 그리스 로마 신화 속의 인물이나 사건이 의미하는 것을 연상할 수도 있다. 이렇게 일반적으로 널리 알려진 상징 외에도 예술 작품 속에서는 그 맥락에서만 이해 가능한 다양한 상징이 사용된다. 그림과 시에서 저자는 말하고자 하는 것을 직접 말하지 않고 상징을 통해 표현함으로써 감상자, 즉 상징 수용자의 해석에 그 의미를 맡기는 경우도 있다. 한국에서 대나무나 소나무를 통해 나타내고자 하는 인간적 가치나, 서양에서 사자나 여우를 통해 보여주려는 인간 유형은 일정한 문화 공동체 내에서 직접적인 언급 없이 말하고자 하는 의미를 공유할 수 있게 하는 상징의 예라고 할 수 있다. 카시러는 이렇게 다양하게 나타나는 상징의 공통적 특징과 형성 과정을 추적함으로써 문화 현상 일반을 규명하고자 한다.

카시러의 상징 개념은 대상과 활동을 동시에 의미한다. 카시러의 말을 그대로 옮겨보면 '상징적인 것'이란 '정신적 이해와 형성의 일정한 방향'이다. 이 정의에는 카시러가 상징을 통해 말하고자 하는 것이 함축적으로 담겨 있다. 상징은 문화를 설명하는 가장 기본적인 단위로서 모든 형태의 문화 현상을 설명할 수 있는 근본적 요소이다. 나아가 카시러의 상징형식 개념은 종교나 예술에서 말하는 상징은 물론 과학이나 기술 같은 문화형식 자체를 그 근본에서부터 설명하고자 하는 개념이다. 논리적, 과학적 개념 형성과 구분되는 좁은 의미의 '상징적 사고'에 대해 말할 수도 있으나, 카시러가 상징형식이란 개념을 통해 말하려는 것은 정신이 대상을 받아들여 다시 구체적이고 감각적인 그림이나 기호, 즉 상징으로 표현하는 일반적 '과정'이다. 이런 과정이 언어와 예술, 그리고 과학에서 같은 '원칙' 하에 일어난다. 감각적이고 직관적으로 대상을 받아들이는 것에서 점점 은유적이거나 알레고리적인 인식이 등장하고 이러한 인식의 결과가 다시 구체적이고 감각적인 기호에 담기게 된다. 이렇게 다양한 상징형식의 근저에 놓인 '근본 현상'은 인간이 외부 세계의 인상을 단순히 받아들이는 것이 아니라 적극적으로 '표현'한다는 것을 나타낸다. 이 표현들 가운데 외부 세계의 실재는 정신의 자발적 기호나 그림이라는 '매개' 속에 고정된다. 여기서 기호나 그림이라는 상징은 외부 대상을 고정시키는 수단일 뿐 아니라, 다시 외부 세계를 바라보는 틀이 된다는 점에서 매개로서의 진정한 의미가 있다.

이 매개는 인간을 인간답게 하는, 즉 문화적인 삶을 살게 하는 결정적인 요소라 할 수 있다. 인간은 매개를 형성함으로써 외부 대상을 인식하고, 다시 형성된 매개를 통해 외부 대상을 받아들임으로써 통시적으로 문화 축적의 성과를 이어받을 수 있고, 공시적으로는 타인의 성과를 받아들일 수도 있다. 인간의 의식이 단지 흘러 다니는 과정이자 활동으로서 시간의 제약을 벗어나지 못하는 반면, 상징이라는 매개를 통해 의식이 받아들인 외부 세계는 비로소 고정되어 머물 수 있고 그 축적도 가능하게 되었다. 그런데 어떻게 끊임없이 흘러 다니는 의식이 찰나의 시간을 넘어 하나의 형태를 갖게 되는 것일까? 어떻게 개별성이 고유성을 잃지 않고 보편성 속에 지속적으로 남게 되는 것일까? 카시러가 주목한 것이 바로 이 문제다. 여기서 카시러는 정신이 가진 형성의 힘, 즉 '표현의 힘'이 순간적인 감각 내용을 상징 속에 고정시킨다고 보았다. 카시러는 이와 관련하여 인간을 '상징적인 동물animal symbolicum'[72]로 규정했다. 다른 말로 하면, 인간은 문화적인 동물인 것이다. 상징적인 것은 인간이 대상을 인식하는 과정에서 대상을 자기 안에 그려내는 것인데, 있는 그대로 모사하기도 하고 유사하게 그려내기도 하며 완전히 다른 차원으로 변형시켜 더 이상 상징과 대상 사이의 유사성을 발견할 수 없게 표현하기도 한다. 만약 우리가 사과 세 개가 탁자 위에 놓여 있는 것을 인지한다면 사과 세 개를 정물화처럼 그대로 그려낼 수도 있고 단지 동그라미 세 개로 표시할 수도 있으며 또한 '3'이라는 기호로 표시할 수도 있다. 이때 사과 세 개와 '3'이라는 기호 사이에서 감각적으로는 더 이상 어떤 유사성도 발견할 수 없다.

언어도 이처럼 소리의 모방인 의성어에서 시작되었다고 할 수 있는데, 이 의성어 내에서도 발달의 수준이 존재한다. 소리와 모양의 모사 외에 비유라는 방식이 생기고, 이어 상징이라는 고도의 언어 형성 방법이 생겨난다. 언어는 대상과의 모든 유사성에서 독립하여 순수하게 정신적인 영역으로 들어간다. 언어는 더 이상 단순한 소리를 '표출'하는 것이거나 대상을 '서술'하는 것이 아니라 대상과 독립되어 '의미'하는 기능을 갖게 되는 것이다. 이렇게 해서 언어는 대상으로부터 독립하면 할수록 더 풍부하게 정신세계를 보여주게 된다. 카시러는 그 예로 횔덜린의 시에서 보이는 고도의 정신세계가 언어의 대상에서 독립하지 않으면 이루어질 수 없음을 강조한다. 문화 비관론자들이나 신비주의자들은 언어가 매체로서 안고 있는 장애만을 보았을 뿐 매체를 통하지 않고서는 도달할 수 없는 인간 정신의 '표출성'을 간과했다. 언어가 보여주는 이런 모사, 비유, 상징으로의 발전 과정은 다른 상징형식에도 그대로 적용될 뿐만 아니라 전체 상징형식의 전개, 즉 신화로부터 과학으로의 전개에서도 나타난다. 즉 신화는 인간 의식의 모사 기능에 의해, 예술은 비유 기능에 의해 그리고 과학은 상징기능에 의해 주도되는 상징형식이다.

훔볼트의 언어이론 역시 이런 과정을 보여준다. 훔볼트에 따르면 낱말은 대상 자체의 모방이 아니라 이 대상에 의해 영혼에 새겨진 형상의 모방이다. 그리고 이렇게 만들어진 낱말이 다시 대상과 영혼 사이에서 매개 역할을 하게 된다. 상징의 이런 역전된 매개 역할이 뒤에서 언급할 상징에 의한 의식 세계의 빈곤화 문제를 낳는다.[73] 소리는 사고의 표현이며 반대로 소리를 내는 것 자체가 사고하는 과정이기도 하다. 소리를 내는 것, 상징형식 철학의 관점에서 말하면 외부 세계를 상징화하는 것은 완결된 사고의 표현이면서 동시에 소리를 내는 것, 상징화하는 것을 통해 사고 과정이 이루어지기도 한다. 예술적 상징 형성에서도 이런 이중적 과정이 존재한다. 비례와 대칭 감각은 가장 기본적인 몸의 감각이다. 이 감각을 통해 공간을 분할하고 공간 형식을 만들어내면, 다시 이 상징형식이 공간의 비례와 대칭을 이해하는 매개 역할을 하게 되는 것이다. 즉 더 이상 몸의 감각으로 공간을 인지하는 것이 아니라 이미 만들어진 공간 형식에 따라 공간을 보게 되는 것이다. 이렇게 상징형식 속에서 감각적인 것과 정신적인 것은 분리할 수 없을 정도로 맞물려 있다. 감각적인 것은 상징을 통해 정신적이고 보편적인 것을 획득하고 정신적인 것은 다시 상징을 통해 감각적인 세계로 나아간다.

(2) 상징형식

언어와 예술과 과학적 인식을 개별 영역으로 살펴보면 각각 같은 단계의 상징 형성 과정을 거쳐왔음을 알 수 있다. 즉 점점 더 대상과의 직접적 관계에서 멀어져 더 이상 감각적으로는 그 관계를 알 수 없는 논리적이고 지적인 단계로 나아간다. 언어는 처음에 자연의 소리를 그대로 흉내 내는 단계(표출Ausdrücken)에서 자연의 소리를 비유하는 단계(서술Darstellen) 그리고 마지막으로 상징(의미Bedeuten)하는 단계로 나아간다. 비유 단계에서 낱말은 더 이상 그 낱말이 가리키는 사물과의 직접적 관계 속에서 만들어지고 파악되지 않고 사물의 인상을 받아들이는 주관성이 낱말을 만들어낸다. 즉 소리의 길이와 높이, 또 같은 음절의 반복 등과 같은 낱말 자체 내의 변화를 통해 외부 사물과 사건을 섬세하게 표현하는 것이다. 그러나 여전히 이 비유 단계에서도 언어는 모방 단계에서처럼 단어의 의미 내용을 다른 차원에서 닮아가려 한다. 반복의 방법이 보여주는 것이 바로 그것이다. 음절 반복이 주어의 경우 다수를 나타낼 때, 형용사의 경우 의미의 상승을 (즉 비교급, 최상급), 동사의 경우 행위의 빈도와 강도를 표시하는 데 쓰이는 것과 같은 것이다. 이런 상징과 대상의 감각적 연관성은 '의미' 단계에 와서야 완전히 해체된다.

예술도 이와 비슷하게 괴테가 구분한 서술 형식의 삼분법이 보여주듯 '모방'에서 '고정된 기법'을 거쳐 다시 '양식'으로 나아간다. 각 단계는 언어에서처럼 대상과 표현 사이의 독특한 관계에 따라 구분된다. '모방'이란 예술가가 인상의 수동성에서 벗어나지 못해 대상에 의해 서술이 제한되어 있는 것이다. '고정된 기법'은 예술가가 대상과 대립되어 인상의 수동성에서 벗어나 자신의 주관적인 고유한 형식을 갖게 된 것을 말한다. '양식'은 예술가의 주관성에서 한 걸음 더 나아가 최고의 객관성에 도달함으로써 획득한 '예술의 주관성'이다.

과학적 인식도 언어와 예술과 마찬가지로 감각적인 대상과의 직접적인 관계에서 벗어나 주관적인 것으로 변해간다. 고대인에게 인식은 대상의 일부가 떨어져 나와 영혼에 들어옴으로써 가능했다면, 아리스토텔레스에게 인식이란 대상이 영혼 속에 어떤 인상, 또는 형식을 만듦으로써 가능하다. 칸트에게 대상은 인식 불가능한 물 자체의 현상일 뿐만 아니라, 대상의 객관적 인식은 이 물 자체와 독립된 정신의 자발성 속에 있다.

개별적인 '하나의' 상징형식 내에서 일어나는 모방으로부터 비유를 거쳐 상징으로 발전해가는 과정은 '상징형식들' 사이에서도 나타난다. 신화적 상징은 대상과 확실히 구분되지 않는 단계에 머물러 있다. 상징은 여전히 대상과 동일한 힘과 작용을 갖는다. 종교에서도 상징은 실재나 객관적 힘 자체는 아니지만 자연적인 것, 세속적인 것에 반대되는 신성함, 신비스러움, 비밀스러운 것의 표시다. 예술 형식은 정신과 상징의 새로운 관계에서 출발한다. 신화와 종교에서 정신이 상징에 고착되어 있다면 예술에서 정신은 상징에서 한 걸음 물러나 있기를 배운다. 상징 세계가 가상의 세계임을 아는 것이다. 이런 정신의 상징에 대한 태도는 과학적 인식에서 정점에 달한다. 상징을 상징으로 이해하고 대상과의 어떤 관련성도 없이 상징들의 관계로만 이루어진 상징형식이 과학적 상징형식이며, 그 가운데서도 수학적 인식은 가장 순수하게 상징들만의 세계로 이루어져 있다.

(3) 상징형식 철학의 의미

상징형식 철학의 과제는 한마디로 "상징이 어느 하나의 특별한 영역, 즉 예술이나 신화, 언어 속에서 무엇을 의미하고 수행하는가"가 아니라 "어떻게 언어가 전체로서, 신화가 전체로서 그리고 예술이 전체로서 상징 형성의 일반적 특징을 가지고 있느냐"를 밝히는 것이다. 이와 같이 전체로서의 상징 형성의 일반적 특징을 밝혀내는 일, 즉 상징형식의 개별성, 고유성과 아울러 무엇보다 그 통일성을 보여주는 것이 왜 중요한 것일까? 카시러는 극단적 다원주의와 상대주의의 만연이 그 시대의 문제라고 보았기 때문이다. 상징형식 각각의 법칙성을 드러내고, 상징형식들 사이의 환원 불가능성을 보여주는 것이 오히려 상대주의를 지원하는 것이 될 수도 있다. 그러나 카시러는 고유성, 개별성의 확보를 통해서만 더 높은 차원의 통일성에 도달할 수 있다고 보았다.

상징의 특성상, 그리고 인간이 상징적 동물로서 상징을 통해서만 이 세계를 인식하는 한 상징형식은 계속해서 만들어질 수밖에 없다. 따라서 상징을 둘러싼 변화와 지속, 개인과 전통 또는 개인과 사회의 갈등을 피할 수 없다. 이 갈등을 이해하기 위해서도 각 형식의 고유한 법칙성을 이해하고 그 법칙성의 근저에서 상징 형성이라는 일반 원칙을 찾아내는 것이 필요하다. 일반 원칙의 도출은 상징형식들을 하나의 원칙에 소급하는 것과는 완전히 다른 것이다. 하나의 상징형식은 결코 다른 상징형식으로 환원될 수 없기 때문이다. 즉 신화 형식의 근저에 상징 형성의 힘이라는 원칙이 놓여 있다 해도, 그리고 과학 역시 그 힘에서 산출된다 해도 신화는 결코 과학으로 환원될 수 없는 고유의 법칙을 갖고 있다. 이것은 카시러의 동시대인에게 중요한 사고의 전환을 요구하는 것이었다. 과학에 의해 잃어버린 신화로 복귀하려는 것은 가능하지도 않지만, 복귀해야할 명분도 불분명하다. 신화가 과학에 의해 대체된 것도 아니며, 인간 삶에서 신화의 역할이 불필요해진 것도 아니기 때문이다. 이는 종교나 예술의 경우에도 마찬가지다. 각각의 상징형식은 인간의 삶에 있어 양도할 수 없는 역할을 수행하고 있으며 새로운 상징형식이 부상함으로써 인간의 삶은 새로운 영역과 새로운 방식을 얻어 더욱 풍요로워진다. 따라서 어느 하나의 최고 원칙에 의해 세계를 설명할 수 있다는 모든 형태의 일원론을 상징형식 철학은 부정한다. 모든 상징형식을 지배하는 최고 원칙이 없다면 무엇이 남는가? 상징형성의 과제만이 남는다. 이것이 인본주의적 문화철학이 제시하는 "주관적 책임"이며 칸트가 말하는 "무한한 과제"의 이념이다.

상징형식 철학의 두 번째 의미는 문화 일반에 던져진 오래된 질문에 대한 답이다. 문화는 "의식의 가장 깊은 내용을 다 보여주는가 아니면 오히려 의식의 계속되는 빈곤화를 의미하는 것인가?" 이미 말했듯이 상징의 매개 역할은 이런 문제를 만들어낸다. 상징은 의식에 주어진 대상의 인상을 정신이 다시 감각적 기호와 그림을 통해 표현한 것이다. 상징이 만들어지기 전까지는 대상이 우리에게 직접 다가오지만 상징이 만들어진 후에는 상징을 통해 대상에 도달하며 상징에 둘러싸여 살게 되는 것이다. 이는 곧잘 본질에서 '소외됨' 내지는, 본질을 결여한 껍데기로 둘러싸인 삶이라는 자조 어린 문화 비관주의를 낳았다. 그러나 상징 없는 인간의 삶은 상상할 수 없다. 신비주의자들이나 논리실증주의자들이 주장하는 것처럼 언어의 장막이 걷히면 진리에, 본질에 이르리라는 것은 이미 처음부터 의심스러운 일이다. 오히려 언어의 포기, 상징의 포기, 즉 매개되지 않은 인식은 우리를 "감각적 의식의 협소함과 무딤"에 가두어버릴 것이다. 이 상징이라는 매개를 포기하는 것은 그것이 기호이거나 그림이거나 상관없이 상징을 만들어내는 '형성의 힘'을 포기하는 것이기 때문이다. 형성의 힘을 포기하는 것은 주어진 세계를 수동적으로 받아들이는 단순하고 협소한 세계로 침잠하는 것이다. 인간은 결코 그런 단순하고 조야한 세계 속에서 살기를 원치 않는다.

그렇다면 대상과 의식 사이에 놓인 상징은 고정되어 우리를 대상과 차단하는 역할만을 하는가? 그것은 또 여전히 형식형성의 힘을 가진 인간에게 부과된 과제다. 인간의 능동적 의식을 믿는 카시러에게는 상징의 이런 비관주의적 성질은 문제가 되지 않는다. 오히려 카시러가 살았던 시대에는 그런 식으로 문화를 억압과 제한으로 보고, 그래서 무한한 형성의 힘이 아니라 직접적인 충동과 매개되지 않은 의지를 극단적으로 추구한 것이 문제였다. 문화의 지속되는 성질을 억압으로 보고 상징을 거부하는 것(신비주의)도, 이미 형성된 문화의 거대한 힘에 대해 개인의 무력감을 깨닫고 그 흐름에 순종하는 것도 카시러에게는 문화를 제대로 이해한 것이라 할 수 없다. 후자에 대해 카시러는 이 책의 두 번째 논문에서 자세히 비판하고 있다.

4. 문화철학의 인본주의적 논거

(1) 문화철학이 성립하기까지
문화철학이라는 분과는 철학의 전통에서 볼 때 비교적 새로운 분야에 속한다. 물리학, 논리학, 윤리학이라는 전통적 학문 분과가 포용하지 못하는 인간 삶의 영역에 대한 관심과 그 관심을 체계화할 새로운 방법이 필요하다는 인식이 20세기 초 대두하였고, 카시러는 이런 문제의식의 단초들을 철학사 속에서 검토하면서 자신의 상징형식 철학과의 차별성을 조심스럽게 비치고 있다. 르네상스와 함께 정신과학에 대한 관심의 단초가 보이기는 했으나 그 다음 시대에는 수학과 수학적 자연과학이 인식 이상을 지배했기 때문에 문화 역시 자연과학의 방법론적 엄밀성으로만 파악되었다. 이러한 입장을 대표하는 철학자가 스피노자다. 스피노자는 윤리학과 기하학을 통일하는 체계를 세우고자 모든 것을 일원적으로 설명하려 했다. 스피노자의 방법론적 일원론의 영향을 강하게 받은 셸링은 자연과 정신의 절대 동일성을 주장하는데, 이때의 자연은 그 전 시대의 수학적 법칙으로 정밀하게 측정되는 자연이 아니라 생동하는 힘으로 이해된다. 따라서 자연은 정신의 최고 단계인 심미적 관조의 단계에서 가장 잘 파악할 수 있다. 이런 의미에서 셸링은 독일 낭만주의 문화철학에 길을 열어놓은 철학자라 할 수 있다.

낭만주의는 신화와 종교, 언어, 시는 물론이고 관습과 법이 하나의 원천에서 나온다고 보았다. 그러나 이 원천은 엄격한 의미에서 질문의 대상이 될 수도, 이성으로 이해될 수도 없는 것이다. 그 원천은 바로 '민족정신'이다. 카시러는 이런 반(牛)신화적 원천에서부터 문화의 내용이 필연적으로 결정되는 것이라면 낭만주의 역시 일종의 자연주의라고 보았다. 카시러는 이런 유기체적 사고가 결국에는 개인적 존재의 해체를 가져올 수밖에 없다는 테오도어 리트의 비판적 지적에 전적으로 동의하고 있다.

좀 더 강력한 자연주의적 사고는 자연과학의 이상 속에서 싹텄다. 이론 생물학의 방법이 삶의 현실과 정신적 현상이라는 역사와 문화를 설명하는 모범으로 등장한 것이다. 이는 프랑스의 실증철학자들에 의해 대표되었는데 이들에게는 정신과학과 자연과학의 구분이 무의미했다. 이들에게는 의지의 자유와 논리적 사유가 통일될 수 있기 때문이다. 카시러는 이를 일컬어 보편적 결정주의론이라고 했다. 다윈과 스펜서의 세계상을 이어받아 방법적으로는 정밀과학의 이상을 가지고 자연과 문화를 하나의 공통된 법칙으로 설명하려는 프랑스 문화철학자들은 결국 문화를 사물화함으로써만 이 목표를 달성한다. 이런 보편적 결정주의가 현대 이론물리학이 제기한 인과론의 문제를 포함하고 있다는 것을 그들 자신도 모르고 있었다. 이런 방식으로 문화철학을 전개한 대표적인 결정주의자는 텐이다. 텐은 정신과학은 자연과학의 방법을 따르고 거기서 이론적 확고함을 얻으며 자연과학의 개별 사실들이 인과 관계에서 파악되듯이 정신과학의 사실들도 인과 관련 속에 있다고 보았으며, 인종, 환경, 시기라는 세 가지 기본 요소에 의해 역사와 문화를 완벽하게 설명해내려 했다.

카시러는 이처럼 실증주의에 따라 물리학과 생물학 분과에서의 방법으로 문화를 설명하려는 역사적 결정주의 외에도 슈펭글러에 의한 심리주의적 방법과 헤겔로 대표되는 형이상학적 결정주의를 비판하고 있다. 이들 결정주의의 공통점은 문화 형성 과정에서 개인의 역할을 부정하는 것이다. 실증주의자 텐은 개인을 이야기하고 있으나 그것은 충동적·육체적·심리적 소재 속에 있는 수동적 개인이다. 슈펭글러에게 개인은 문화 영혼, 그러나 결국 기계와 같은 문화 영혼의 부품이며, 이 기계의 톱니바퀴일 뿐이다. 여기서도 개인이 문화 형성에 자발적으로 참여할 여지는 없다. 한편 정신의 모든 속성이 자유에 의해서만 존속하며 모든 것이 자유를 찾는다는 것을 가르쳐주는 헤겔 철학에도 개인은 없다. 이는 언뜻 보기에 개인의 자유를 옹호하는 것처럼 들리지만 자유로운 것은 절대정신뿐이다. 헤겔은 이 점에서 칸트와 피히테를 비판한다. 그들에게는 자유가 단순히 당위였고 따라서 무기력했다면 헤겔은 존재와 당위의 통일을, 관념과 실재의 통일을 보여주려 했다. 카시러의 상징형식 철학은 정신과학에서의 이런 결정주의에 맞서 인본주의적 문화철학의 전통을 계승하고 있다.

(2) 인본주의적 문화철학

칸트와 칸트의 입장에 섰던 철학자들이 문화를 자연과 대비하여 존재에 대한 당위의 세계로 보았다면 카시러의 문화 세계는 오히려 존재와 당위가 만나는 영역이다. 때로 카시러 철학에 제기되는 "도덕 없는 문화철학"[74]이라는 비판은 이런 점에서 볼 때 잘못된 것이다. 이 논문이 말해주는 것처럼 카시러는 문화의 '도덕'과 '윤리'를 따로 말할 필요가 없었다. 상징형성의 힘 자체가 형식이라는 원칙을 고수함으로써 이 문제를 간접적으로 해결하기 때문이다. 카시러에게 문화는 존재와 당위의 문제가 아니라 인간의 자유의 문제와 관련되며, 문화의 핵심은 개별적이고 독립적 존재로서의 인간 자유의 문제다. 카시러는 '원칙적이고 체계적인 관점'이 아니라 역사적 서술을 통해 문화를 이런 차원에서 접근한 18세기 후반 독일의 인본주의의 핵심을 보여주고자 한다. 문화에 대한 체계적 관점은 1장 〈상징형식 개념〉에 나타나 있고, 2장 〈문화철학〉에서는 이 체계가 정신사적으로 어떤 전통에 닿아 있는가를 보여준다.

카시러는 새로운 인본주의적 이상의 기초를 이론적으로 보여주었을 뿐만 아니라 실제로 작품을 통해 이 이상을 명확하게 보여준 인물로 레싱과 헤르더, 실러, 괴테 그리고 훔볼트를 꼽는다. 르네상스의 인본주의도 단순한 교양 운동은 아니었다. 그것은 각 개인의 삶에 직접 관여하려는 보편적 교육 이상을 담고 있었다. 그러나 그 시선은 과거를 향해 있었다. 바로 이 점에서 르네상스 인본주의는 18세기 후반 독일의 인본주의와 구별된다. 이 새로운 인본주의는 고대를 향한 동경을 잃지 않으면서도 시선을 과거에서 미래로 돌렸다. 과거에 대한 '관조'가 아니라 '표현에의 의지'가 이들의 핵심이라고 카시러는 지적한다. 흔히 인본주의를 윤리적 이상으로 편협하게 이해하곤 하는데 18세기 독일 인본주의는 인본주의가 성숙해지면 "국가적, 사회적 삶의 질서"로 나타나리라고 본 점에서 사회철학적으로 관심을 갖고 있었으며, 무엇보다 인본주의의 본질을 인간의 고유한 수행 능력, 즉 '형식 형성 능력'으로 이해했다. 인간은 외부 인상을 수동적으로만 받아들이는 것이 아니라 이 외부 인상들에 형식을 부여함으로써 인식의 통일성을 확보한다. 스피노자를 비롯한 많은 철학자가 이 형식이 무한한 신이나 자연으로부터 주어지는 것이라 보았고, 따라서 인간의 개성 추구는 항상 신과 자연에 대한 반발이거나 자기 포기를 의미했다. 그러나 형식 형성의 힘을 가진 인간에게 형식은 자발적인 제한이며 나아가 원천적인 힘이다. 보편적인 것은 개인이 이런 형식 형성을 수행하는 데서만 나오기에 형식 형성은 보편과 특수가 만나는 장이기도 하다.

카시러는 자연주의의 맹점이 '파우스트적 지식욕'과 지식을 유일한 구원자로 신격화한 데 있다고 보았다. 과학적 지식에 거는 지나친 기대는 인간의 삶도 과학에 의해 원하는 대로 좌지우지될 것이라고 믿게 한다. 결국 자연주의적 문화철학은 역사가 최상의 목적을 향해 가고 있다는, 절대 이념의 실현이라는 발전 개념을 낳는다. 카시러는 이런 목적론적 발전 개념 역시 자연주의의 치명적인 맹점이라고 본다. 현대 과학에서의 인과 법칙은 첫 번째 논문에서 밝혔듯이 더 이상 사물과 사물의 직접적 관계를 말해주는 것이 아니라 연구에 통용되는 내재적 규칙이며 또한 정신과학에서의 인과론의 의미와도 다르다. 문화의 미래 모습은 선취될 수 없다. 고도로 발달한 현대 과학의 계산에 의해서도, 역사적 결정주의에 의해서도 인간의 미래 모습은 정확히 알 수 없다. 바로 이와 같이 문화의 미래가 불확실하기 때문에 '비판적 문화철학'이 요청된다. '비판'이라는 말은 여기서 칸트의 방식으로 이해해야 할 것이다. 즉 문화 형성에 대한 조건을 살펴봄으로써 문화가 무엇인지, 어떤 힘에 의해 움직이는지 알 수 있다. 문화의 미래는 형식 구성의 힘에 의해 좌우된다. 지금까지 유효했던 법칙에 의해 미래마저 '결정되는' 것이 아니라 매순간 상징을 형성함으로써, 세계를 인식하는 인간의 상징 형성의 힘에 의해 '만들어지는' 것이다.

여기서 카시러는 다시 자신의 출발점으로 돌아온다. 그 출발점은 칸트의 '무한한 과제'의 이념이다. 상징적 동물인 인간에게, 상징 형성의 힘을 가진 인간에게 유일하게 남아 있는 문화의 미래에 대한 예견은 인간이 이런 본래의 힘을 상실하거나 게으르지 않는 한 자발적으로 문화의 방향에 영향을 미칠 수 있고 또 미쳐야 한다는 것이다.

(3) 전체주의의 문화 이해

정치학도로서 옮긴이의 관심을 끌었던 문제는 바로 2장〈문화철학〉에 나타난 상징형식 철학의 정치적 해석이다. 카시러는 1933년 망명을 결심하면서 더 이상 글을 쓰지 않든가, 아니면 글로써 전체주의 체제에 저항하겠다고 선언했고 이 약속을 충실히 이행했다. 그의 마지막 책《국가의 신화》[75]보다 더 철저하게 이 약속에 충실한 글이〈문화철학〉이다.

《국가의 신화》에서 카시러는 신화가 신화의 영역 내에서 고유 기능을 담당하는 것이 아니라, 정치의 수단이 된 당대의 현실을 비판하고 있다. 카시러에 따르면 서양 정신사의 커다란 흐름인 '신화에서 논리로'라는 과정이 1900년대 전반 유럽에서 붕괴되기 시작했고, 신화는 다시 중요한 상징형식으로 등장했다. 이 시대 진단은 물론 상징형식 철학의 이념을 토대로 하고 있다. 유럽 문화의 위기와 전체주의와 파시즘의 대두는 서구 정신이 축적해온 상징형식들 사이의 균형 파괴의 결과로 이해될 수 있다. 신화는 다른 형식의 근원이기도 하지만 다른 상징형식들과 동등한 차원에서 전체 문화를 이루고 있는 하나의 상징형식이기도 하다. 카시러에 따르면 '신화에서 논리로'라는 서양 정신사의 전개는 신화에서 과학으로라는 단선적 발전 과정을 말하는 것이 아니며, 과학적 사고는 서양의 근대 문명에 와서 단지 주도적인 역할을 하고 있다는 것이다. 그런데 신화와 종교, 예술, 과학이라는 각각의 문화 영역이 균형 있게 전체 문화를 이끌어나가지 못할 때, 즉 한 영역이 과도하게 다른 역할을 압도할 때 문화의 위기가 발생하는 것이다. 이런 관점에서 전체주의는 문화형식들 간의 균형이 깨지고 신화적 사고가 다른 사고를 지배함으로써 생겨난 정치적 파국으로 볼 수 있다. 신화적 사고는 인간의 원초적 심성에 뿌리박혀 있는 세계를 인지하는 근원적 힘으로, 모든 상징형식의 근원이다. 신화는 이런 발생론적 우위로부터 다른 모든 상징형식을 주도하고 군림하려는 성격이 있다. 인간이 위기에 처했을 때 가장 쉽게 신화적으로 대응하게 되는 것도 신화에 이런 근원적 힘이 있기 때문이다. 전체주의는 인간 심성의 근본을 이루는 이런 신화적 사고에 호소하여 정치적 목표를 달성하고 국민을 동원하는 체제라고 할 수 있다. 이성과 합리에 대한 철학적 비판이 제대로 되기도 전에 정치 · 사회적 위기에 위축된 사회는 신화적 의식을 대안으로 내세워 혼란을 수습한다. 그러나 카시러에 따르면 사회와 문화는 다양한 상징형식의 공존으로 비로소 건재할 수 있다. 이성과 합리, 신화와 예술, 종교를 가능하게 하는 세계 인식이 어우러질 때 세계는 가장 전체에 가까운 모습을 갖게 된다.

그러나 신화형식은 그 근원에서부터 세계 인식을 주도하려는 성향이 있는데 어떻게 문화 형식들 사이에 균형을 이룰 수 있을까? 카시러는 이 문제에 대해 상징형식 하나하나가 갖고 있는 고유의 법칙성이 한도를 넘지 않음으로써 균형을 이룬다고 했다. 그러나 문화 내적 논리로 문화들 간의 균형이 유지될 수 있는 것일까? 카시러는 여기서 더 이상 나아가지 못하고 신화의 파괴적 힘을 인정하면서, 특히 위기에 더욱 강해지는 신화적 의식에 대해 속수무책일 수밖에 없는 철학에 대해 결과를 알 수 없다 해도 철학의 의무를 다할 것을 호소한다. 철학은 인본주의적 사고를 옹호하고 지켜야 하며 문화철학으로서 형식들의 내적 법칙성과 자율성을 보여주고, 나아가 다양성을 바탕으로 한 통일성, 즉 형식 형성의 힘을 보여줘야 한다는 것이다. 철학은 문화철학으로서 그런 의무와 과제를 갖는다. 그러나 철학의 무력함과 철학의 의무를 동시에 말하는 것으로 전체주의라는 유럽의 위기에 대한 답이 될 수 있는가? 전체주의란 순수하게 정치적 현상이라고만 할 수 없다. 카시러가 《국가의 신화》에서 보여주듯이 전체주의는 정신사적 토대가 있는 문화 현상의 하나이기도 하다. 문화 내적 논리는 몰가치적일 수 있다. 그러나 문화 형성의 담당자인 인간은 몰가치적일 수 없다. 때문에 문화 현상에 참여한 모두가 전체주의 현상에 대한 일정한 책임이 있다.

5. 문화를 어떻게 볼 것인가?

카시러의 문화철학은 전통적으로 제기되는 두 가지 철학적 질문에 대한 대답이라 할 수 있다. 하나는 '인간이란 무엇인가'이고, 다른 하나는 '역사란 무엇인가'이다. 카시러는 이 두 질문을 '문화란 무엇인가'라는 하나의 물음으로 묶는다. 그리고 상징형식 철학을 통해 정신의 보편적 고찰 속에 시간을 담고자 한다. 인간은 상징적 동물이며 상징 형성의 힘으로 세계를 만들어간다. 그렇다고 인간이 이 세계를 의지하는 대로만 만드는 것은 아니다. 상징 형성의 힘은 인간이 자신에게 스스로 부여한 형식에 의해 제한되며, 이 형식 부여의 힘이 외부에서 오는 것이 아니라 인간 스스로에게서 나온다는 점에서 자연에 배치되지 않으면서 자유와 개성을 표현할 수 있다. 카시러는 다양한 문화형식들의 내적 자율성을 찾아냄으로써 신화, 종교, 예술, 과학이라는 문화형식을 공시적으로 볼 수 있는 틀을 만들었는데, 이는 문화를 종교적인 문화와 예술적인 문화, 과학적인 문화로 나누어 보는 영역별 고찰과 지역적, 통시적 고찰에도 유용하다 하겠다.

카시러는 철학과 정치가 엄격하게 역할을 분담하는 가운데 철학이 철학으로서 얼마든지 정치적일 수 있다는 예를 보여주었다. 이것은 카시러의 철학이 단순한 문화철학적 차원을 넘어 정치철학적으로 논의될 수 있는 여지가 있음을 뜻한다. 카시러에게 문화의 정치에 대한 관계는 여전히 독립적임에도 불구하고 문화철학은 정치적일 수 있음을 읽을 수 있었다. 상징형식 철학의 이념대로 개별 상징형식들이 각각의 차원을 넘어설 수는 없지만 전체로서의 상징형식 철학은 정치적일 수 있다는 것이다. 이는 당대뿐 아니라 우리 시대의 모두에게 우리가 속해 있는 공동체에 대한 책임과 의무를 일깨운다. 문화의 미래에 대해 말할 수 있는 유일한 것은 "무한한 과제의 이념"이라는 카시러의 결론은 상징동물로서의 우리 모두에게 해당된다. 정치가 과연 단순히 상징형식의 '하나'일 뿐인가라는 물음은 여전히 나를 괴롭히고 있지만, 우리 모두가 이 시대의 문화를 만들어갈 능력과 의무를 함께 지니고 있다는 상징형식 철학의 메시지는 충분히 수용할 만한 가치가 있다.

옮·기·고·나·서

　최근 활발히 논의되고 있는 문화론의 다양한 관점과 차원에서 볼 때 카시러의 문화철학적 기획은 다른 문화론의 토대가 될 수 있을 것이다. 단순히 민속학적이고 인류학적인 논의는 박물관 소개서와 다를 바가 없고, 헌팅턴류의 다분히 피상적이고 거시적인 논의는 문화 생성과 문화의 인간학적 본질을 비켜가고 있다고 할 수 있다. 카시러는 탄탄한 서구 정신사의 이해 위에 시간의 축과 시간을 초월한 체계의 축을 교차시켜 문화철학의 집을 지었다. 그의 고민은 항상 역사와 역사를 초월한 정신의 본질을 함께 읽어내는 데 있었고, '상징형식 철학'은 바로 그 결과다.

　지구화 시대를 살고 있는 우리에게 그 어느 때보다 다양한 타 문화와의 직·간접적인 접촉과 경험이 불가피하게 되었다. 그렇기 때문에 문화 다원주의나 문화 충돌 또는 문화적 아노미가 곧잘 화제가 되고, 많은 이들이 한 번쯤 그런 문제에 직접 부딪히게 된다. 자신의 공동체 안에서 타 문화와 접할 수도 있고 다른 공동체의 이방인으로 자신이 소수 문화의 담당자가 되기도 한다. 우리는 어떤 문화의 담당자인가에 따라 자신의 위상이 달라지는 것을 경험한다. 물론 이런 상황에서 문화권력을 논할 수도 있다. 그러나 문화가 권력을 행사하는 데에는 문화 생성의 본질이 놓여 있다. 카시러는 인간이 인간으로 성장해가는 과정이 문화의 생성 과정이라고 보았다. 한 인격이 자신의 정체를 형성해가는 것은 문화를 형성해가는 과정이다. 상징형식 철학의 맥락에서 말하자면, 인간은 자신과 자신을 둘러싼 세계의 상징적 표현을 통해 세계를 구성할 뿐 아니라 자아를 형성한다. 몰개성과 극단적 자아도취가 공존하는 현실에서 카시러의 이런 호소는 음미해볼 만하다.

독일어로 읽고 독일어로 생각한 카시러와 한국어로 갈아입힌 카시러의 느낌이 왠지 다르다. 1992년 처음으로 '정치적 상징'에 관한 세미나에서 카시러를 만난 이후, 이성과 합리만 이야기할 것 같았던 서구에서 신화와 상징이 어떻게 다루어질지 무척 궁금해했던 기억이 난다. 그 후로 석사 학위논문과 박사 학위논문의 주제로 오랜 시간을 함께 했다. 그러나 이번에 한국어로 갈아입힌 카시러에게서 또 다른 새로운 것을 배웠다. 카시러에게 훨씬 더 가까이 다가간 기분이 든다. 그럼에도 불구하고 카시러 철학의 방대함을 생각할 때 아직 빙산의 일각밖에 이해하지 못했다는 생각도 한다. 칸트와 괴테를 이해하는 것이 카시러 철학의 필수 관문이고, 동시대의 하이데거와 베르그송, 지멜을 통해 카시러가 더욱 명료해지리라는 것도 알고 있기에 더욱 그렇다. 이런 과제들을 염두에 두며 번역을 마무리 한다.

작은 논문을 번역하는 데도 많은 사람들의 큰 도움이 필요했다. 수학과 물리학 용어에 대해 조언을 해준 정원주, 라틴어 번역을 검토해주신 이화용 선생님, 그리스어 번역을 검토해주신 나정원 선생님, 번역의 앞부분을 읽어주시고 번역 전반에 도움 말씀을 주신 이성민 선생님, 항상 따뜻한 목소리로 독촉해주신 책세상 여러분께 감사드리며, 무엇보다 책세상을 만나게 해준 전진성에게 고마운 마음을 전한다.

주

1) 우리나라에서도 카시러의 *An Essay on Man*이 《인간론》과 《인간이란 무엇인가》 라는 책명으로 1957년과 1969년에 각각 번역, 출간되었다.

2) Ernst Cassirer, *Das Erkenntnisproblem in der Philosophie und Wissenschaft der neueren Zeit*. 1권(초판, 1906)은 르네상스부터 데카르트, 2권(1907)은 베이컨부터 칸트, 3권(1920)은 칸트 이후 체계인 야코비부터 셸링, 헤겔, 쇼펜하우어까지 다루고 있고, 4권(1950)은 헤겔 이후부터 1932년까지 백 년을 다루고 있다. 1권부터 3권은 독일에서 출간되었고, 4권은 영어로 번역되어 1950년 미국에서 먼저 출간된 다음 1957년 독일어판이 출간되었다.

3) (옮긴이주) 정식 명칭은 바르부르크 문화학 도서관Kulturwissen- schaftliche Bibliothek Warburg이다. 아비 바르부르크Aby Warburg가 1903년부터 모은 장서를 보관하기 위해 함부르크에 세운 개인 도서관이자 연구소다.

4) (옮긴이주) 프리츠 작슬이 주도하여 바르부르크 서클을 중심으로 연속 강의가 진행되고 있었다. 카시러의 이 논문이 첫 번째 강연 논문으로 출간된 이후 9권까지 간행되었다고 한다. 패촐트Heinz Paetzold, 《에른스트 카시러—마르부르크에서 뉴욕까지. 철학적 전기*Ernst Cassirer—von Marburg nach New York, Wissenschaftliche Buchgesellschaft*》(Darmstadt, 1995), 73쪽.

5) (옮긴이주) 도입 강의는 아마 연속 강의를 위한 입문 형식의 또 다른 강의를 말하는 것 같다.

6) 파울 에렌라이히P. Ehrenreich와 비교하라. 《일반신화학과 그 민속학적 토대*Die allgemeine Mythologie und ihre ethnologischen Grund-lagen*》(Leipzig, 1910).

7) 빌헬름 훔볼트, 카비-저작의 서문Einleitung zum Kawi-Werke, 《아카데미판 작품집 *Werke Akademieausgabe*》, 7권, 1, 60쪽.

8) (옮긴이주) 차례로 설명하게 될 모사, 비유, 상징의 세 단계를 말한다.

9) 빌헬름 쉐러, 《독일어의 역사에 대해 *Zur Geschichte der deutschen Sprache*》(Berlin, 1868), 38쪽. 게오르크 쿠르티우스와 비교하라. 《그리스어학의 기본적 특징 *Grundzüge der griechische Etymologie*》, 제5판, 96쪽. 그리고 헤르만 파울, 《언어사의 원칙 *Prinzipien der Sprachgeschichte*》, 제3판, 157쪽도 참조하라.

10) (옮긴이주) 에베어는 자바섬 원주민의 언어다. 위르겐 트라반트 Jürgen Traband, 《훔볼트의 상상력과 언어》(인간사랑, 1998)를 참조하라.

11) 디드리히 베스터만, 《에베어 문법 *Grammatik der Ewe-Sprache*》(Berlin, 1907), 83~84쪽.

12) (옮긴이주) 야콥 그림은 동생 빌헬름 그림 Wilhelm Grimm과 함께 유명한 그림 동화집을 편찬한 언어학자다. 《독일문법》, 《독일어사》를 썼으며 동생과 함께 《독일어 사전》 편찬을 시작했고 독일의 옛 이야기와 전설, 영웅 이야기를 수집하여 낭만주의 문학이 촉발한 향토적, 서민적 토착 문화에 대한 관심을 집대성했다.

13) (옮긴이주) 기원전 약 280~209년에 살았던 철학자. 스토아 학파를 만든 키프로스의 제논과 그의 제자 클레안테스를 이어 스토아 철학을 완성했다.

14) 하르나크, 《독단론의 역사 *Lehrbuch der Dogmengeschichte*》, 제3판, 1권, 198쪽.

15) 프로이스, 《자연인의 정신적 문화 *Die geistige Kultur der Natur-völker.*》(Leipzig, Berlin, 1914), 13쪽. 특히 프로이스의 《나야리트 탐험 *Die Nayarit-Expedition*》(Leipzig, Berlin, 1912), 1권.

16) 막스 플랑크, 《물리적 세계관의 통일성 *Die Einheit des physikali-*

schen Weltbildes》(Leipzig, 1909), 8쪽.

17) 포웰,《인디언 언어 연구 서설*Introduction to the study of Indian languages*》(Washington, 1880), 74쪽.

18) 이것에 대해서는 레비 브륄Levy Bruhl의 잘 알려진 다음 작품에 설명되어 있다.《원시사회에서의 정신의 기능*Les functions mentales dans les socités inférieures*》(Paris, 1910), 독일어 판(Wien, Leipzig, 1921), 116쪽 이하.

19) (옮긴이주) konkresziert의 원형 konkreszieren은 카시러가 다른 문헌에서도 사용한 말인데 일상에서는 잘 쓰이지 않는다. 다만 앞 뒤 문맥을 통해 볼 때 'ineinander aufgehen'과 동의어로 볼 수 있다. 카시러는 다른 글에서 신화의식을 지배하는 표출경험에서 사물의 차원과 의미의 차원이 서로 뒤섞여 '융합되어' 있음을 표현할 때 이 단어를 쓰고 있다. 예를 들어 신화적 의식에서 누군가의 이름은 그 사람을 '의미'하는 것이 아니라 그 사람 자체라고 믿음으로써 기호라는 경험적 차원과 그 기호의 의미 차원이 분리되지 않고 하나로 '융합되어' 있다는 것을 의미한다.

20) 조지 버클리,《인간 지식의 원리에 대한 논고*A treatise concerning the principles of human knowledge*》(Dublin, 1710, u. ä.), 서문§24.

21) 임마누엘 칸트,《도덕형이상학 정초*Grundlegung zur Metaphysik der Sitten*》,《칸트 전집》4권(카시러 편), 243쪽.

22) 프리드리히 셸링,《나의 철학체계의 서술*Darstellung meines Systems der Philosophie*》, § 14,《셸링 전집》6권, 120쪽.

23) 프리드리히 셸링,《선험적 관념주의의 체계*System des transzenden-talen Idealismus*》, 6장, § 3,《셸링 전집》3권, 628쪽.

24) (옮긴이주) 아이히호른은 역사법학자의 한 사람으로 사비니와 함께《역사법학지*Zeitschrift für geschichtliche Rechtswissenschaft*》를 창간했다.

25) (옮긴이주) 사비니는 역사법학파의 창시자로, 1810년 베를린 대

학 창립과 함께 교수로 부임했고 프로이센의 사법상을 지내기도
했다. 1814년《입법 및 법률학에 대한 현대의 사명에 대하여》라
는 소책자를 통해 법은 만들어지는 것이 아니라 역사적 방법에
의해 발견되는 것이며 따라서 입법의 주체는 민족이 되어야 한다
고 역설했다. 이에 동조하는 사람들과 함께 역사법학파를 이끌었
다.

26) (옮긴이주) 아우구스트 뵈크는 고전어학자, 특히 그리스 문헌학
   자로 베를린 대학 교수를 지냈다. 고대 그리스의 비문이나 명문을
   수집, 연구하여 금석학Ephigraphie이라는 새로운 영역을 개척
   했다.

27) 테오도어 리트, 《개인과 공동체. 문화철학정초Individuum und
   Gemeinschaft. Grundlegung der Kulturphilosophie》(Leipzig,
   Berlin, 1924), 재판, 153쪽.

28) 오토 리프만, 《이론의 정점. 일반 지식론의 영역으로부터의 고찰Die
   Klimax der Theorien. Eine Untersuchung aus dem Bereich der
   allgemeinen Wissenschaftslehre》(Straßburg, 1884), 87쪽 이하.

29) (옮긴이주) 카시러가 이 논문을 쓴 때는 1939년이고 리프만의 글
   은 1884년 출간되었다.

30) 다음의 내 논문과 비교하라. 〈현대 물리학에서의 결정주의와 비결
   정주의. 인과 문제에 대한 역사적, 체계적 연구Determinismus
   und Indeterminismus in der modernen Physik. Historische
   und systematische Studien zum Kausalproblem〉, 3권
   (Göteborgs Högskolas ›sskrift, 1936).

31) 이에 대한 좀 더 자세한 내용은 어빙 배빗Irving Babbitt,《현대
   프랑스 비평의 대가들The masters of modern French criticism》
   (Boston, New York, 1912)을 참조하라.

32) (옮긴이주) 텐,《예술철학Philsophie de l'Art》. 1편, 1장, 1절 ; 독일
   어판, 하르트E. Hardt(편집), Philosophie der Kunst, 1권

(Leipzig, 1902), 15쪽 이하.

33) 텐,《영문학사》, 1권(Paris, 1892), 제8판, 서문, 9쪽 이하.

34) 콩트의 "변형 가능한 운명"이라는 개념에 대해서는 트뢸취Ernst Troeltsch와 비교하라. 트뢸취,《역사주의와 그 문제점*Der Historismus und seine Probleme*》(Tübingen, 1922), 390쪽 이하.

35) (옮긴이주) 오스발트 슈펭글러,《서구의 몰락*Untergang des Abendlandes*》, 1권, 2장, 1절, 7번(München, 1923).

36) (옮긴이주) 카시러는 다소 부정확하게 인용하고 있다. 원문에는 똑같이 "wissenschaftlich(학문적으로)"라고 되어 있으며 다만 역사에 대해서는 이탤릭체로 *wissenschaftlich*라고 되어 있다. 슈펭글러의《서구의 몰락》, 1권, 2장, 1절, 2번. 그러나 다른 곳에서는 자연의 세계와 역사의 세계의 탐구 방법이 다르다고 밝히고 있다. 카시러가 이를 해석하여 "역사에 대해서는 시를 지어야" 한다고 해석한 것이다. 같은 책, 4번.

37) (옮긴이주) 그리스 신화에 나오는 인물 익시온은 제우스를 속인 죄로 저승에서 영원히 도는 불바퀴에 매달려 있어야 하는 벌을 받았다.

38) (옮긴이주) 원문은 라이프니츠의 인용이다. charg pass et gros de l'avenir. 이 구절은 라이프니츠의 책《인간 오성에 대한 새로운 논의*Neue Abhandlungen über den menschlichen Verstand*》(Hamburg, 1971)에 나오고, 카시러가 편집한 판본에는 11쪽에 나온다고 한다.

39) 괴테의 용어다.《격률과 숙고*Maximen und Reflexionen*》와 비교하라. 막스 헤커Max Hecker(편집), 괴테 협회의 저작 21권(Weimar, 1907), 494번, 107쪽.

40) 1827년 5월 6일 에커만과의 대화. 비더만Foldoard Frh. v. Biedermann(편집),《괴테의 대화*Goethes Gespräche*》, 3권(Leipzig, 1910), 394쪽.

41) (옮긴이주) 코메니우스(1592~1670)는 체코의 신학자이자 교육학자다.

42) (옮긴이주) 의미상으로는 스피노자에게서 유래하는 말인데, 다시 헤겔의 《철학사 강의》에 그대로 나온다.

43) 훔볼트, 《인간 언어 형성의 다양성에 관하여 *Ueber die Verschiedenheit des menschlichen Sprachbaues*》, 《아카데미판 전집》 6권 (Berlin, 1907), 125쪽.

44) 훔볼트, 〈역사 서술가의 과제에 관하여 Ueber die Aufgabe des Geschichtsschreibers〉, 《아카데미판 전집》 4권, 52쪽.

45) 텐, 《영문학사》, 1권, 서문, 5쪽 이하.

46) 헤겔, 《헤겔 전집》 9권, 22쪽 이하.

47) 텐, 《생애와 편지 *Vie et Correspondance*》, 4권(1903~1907), 2권, 30쪽 ; 어빙 배빗, 《현대 프랑스 비평의 대가들》, 224쪽을 비교하라.

48) 텐, 《영문학사》, 5권, 410쪽.

49) 발터 퀴흘러 Walter Küchler, 《시인이자 예술가인 르낭 *Ernest Renan, Der Dichter und der Künstler*》(Gotha, 1921), 195쪽.

50) (옮긴이주) 이 단어도 카시러가 '발명'한 것 같다. '통치'를 뜻하는 그리스어 '-krat'와 사회를 뜻하는 'sozio'라는 말이 합쳐졌으므로 '사회지배적인'이란 뜻으로 해석된다.

51) (옮긴이주) metabasis eis allo genos. 원래는 '다른 종으로의 전이'라는 뜻인데, 아리스토텔레스가 문제의 성질이나 주제 또는 대상의 수준을 뛰어넘어버리는 논리적 추론의 오류를 가리키는 말로 썼다. 카시러는 이 말을 문화 영역들이 분화해갈 때 하나의 차원을 뛰어넘어 새로운 상징형식을 만들어내는 과정을 설명하는 용어로 쓴다. 발전이란 곧 메타바지스 에이스 알로 게노스, 논리의 비약 또는 차원의 비약인 것이다. 카시러, 《문화학의 논리에 대해 *Zur Logik der Kulturwissenschaften*》(Darmstadt, 1980), 102

쪽 참조. 한국어판《문학과학의 논리》, 박완규 옮김(길, 2007)

52) 어빙 배빗,《현대 프랑스 비평의 대가들》, 111쪽.

53) 텐,《현대 프랑스의 기원 *Les Origines de la France contemporaine*》, 12판(Paris, 1882), 서문 5쪽.

54) (옮긴이주) 헨리 필딩(1707~1754), 영국의 소설가이다. 리처드슨의 소설《파멜라 *Pamela*》를 빗댄 소설《조지프 앤드루스 *Joseph Andrews*》로 유명하다.

55) 텐,《영문학사》, 4권, 130쪽.

56) (옮긴이주) 괴테,《파우스트 I》, 천상에서의 서곡. 메피스토가 천지를 창조한 신에게 인간이 얼마나 어리석고 가여운지에 대해 말하는 부분이다. 메피스토는 신이 인간에게 부여한 '이성'을 오직 짐승같이 사는 데만 이용한다고 비웃는다.

57) 트뢸치,《역사주의와 그 문제점》, 421쪽.

58) 자세한 것은 나의 책,《현대 물리학에서의 결정주의와 비결정주의 *Determinismus und Indeterminismus in der modernen Physik*》,《예테보리 대학 연간논문집》 42(1936)를 참조하라.

59) 헬름홀츠, 〈인지에서의 사실들 Die Tatsachen in der Wahrneh-mung〉(1878),《강의와 연설 *Vorträge und Reden*》, 제4판, 2권(Braunschweig, 1896), 244쪽.

60) (원편집자주) 헤겔,《역사철학강의 I. 역사 속의 이성 Vorlesungen über die Philosophie der Weltgeschichte, Bd. I. Die Vernunft in der Geschichten》, 호프마이스터 J. Hoffmeister 편집(Ham-burg, 1980), 28쪽.

61) 인식의 문제와 관련된 모든 분야에 흥미로워했던 카시러는 근대 수학과 물리학에도 지속적인 관심을 갖는다. 1921년 이미 〈아인슈타인의 상대성의 원리―인식론적 관찰〉이라는 소논문을 발표한 카시러는 아인슈타인이 함부르크에서 강연을 끝낸 뒤 다른 학자들과 함께 대화할 수 있는 기회를 마련한다. 자세한 것은 부인

토니 카시러Toni Cassirer의《에른스트 카시러와 함께한 나의 삶 *Mein Leben mit Ernst Cassirer*》(Hildesheim, 1981)을 참조하라.

62) 1914년의 정신에 대한 좀더 자세한 내용은 헤르만 뤼베Hermann Lübbe의 《독일의 정치철학. 그 역사에 대해*Politische Philosophie in Deutschland. Studien zu ihrer Geschichte*》(Basel, 1963), 173~238쪽과 볼프강 몸젠Wolfgang Mommsen의 〈1914년의 정신. 독일의 정치적 '특수성'의 프로그램 Der Geist von 1914. Das Programm eines politischen "Sonderwegs" der Deutschen〉,《권위적 민족국가. 제국시대의 헌법, 사회 그리고 문화*Der autoritäre Nationalstaat. Verfassung, Gesellschaft und Kultur im deutschen Kaiser-reich*》(Frankfurt am Main, 1990)를 참조하라.

63) 카시러,《자유와 형식*Freiheit und Form. Studien zur deutschen Geistesgeschichte*》(Darmstadt, 1975).

64) 토니 카시러,《에른스트 카시러와 함께한 나의 삶》, 118쪽을 참조하라.

65) Ernst Cassirer, *Kants Leben und Lehre*,《칸트 전집》, Bd. 11, Ergänzungsband(Berlin, 1918).

66) 피터 게이Peter Gay,《아웃사이더의 공화국. 바이마르 시대의 정신과 문화*Die Republik der Außenseiter. Geist und Kultur in der Weimarer Zeit 1918~1933*》(Frankfurt am Main, 1989)[*Weimar Culture. The Outsiders as Insiders*(New York, 1968)]. 한국어판으로는 조한욱이 옮긴《바이마르 문화. 국외자들의 내부》(탐구당, 1983)가 있다.

67) 스위스의 치과 의사 파울 뮐러Paul Müler의 제안으로 시작된 이 포럼은 독일과 프랑스, 스위스, 이탈리아, 네덜란드의 지식인과 학생들이 모여 각국의 이해와 협력을 위해 강의와 토론을 벌였다. '다보스 포럼'이라고도 하는 이 모임은 1928년부터 1931년까지 열렸다. 카시러는 1927년부터 준비위원회의 일원으로 포럼

을 구성하는 데 참여했다. 1929년 제2회 포럼의 주제는 '인간과 세대'였고 카시러와 하이데거의 논쟁이 많은 이들의 관심 속에 벌어졌다. 이 해 독일과 프랑스의 참가자들만 보아도 이 포럼의 의미를 짐작할 수 있다. 한국에도 잘 알려진 철학자만 든다면, 독일에서 볼노프Otto Friedrich Bollnow, 리터Joachim Ritter, 핑크Eugen Fink, 마르쿠제Herbert Markuse, 카시러의 제자였던 슈트라우스Leo Strauß 그리고 프랑스에서 레비나스 Emmanuel Léinas가 참석했다(패촐트, 《에른스트 카시러. 마르부르크에서 뉴욕까지. 철학적 전기》, 86~105쪽 참조).

68) 다보스 논쟁에 대해 하이데거의 제자 볼노프와 리터가 기록한 〈에른스트 카시러와 마르틴 하이데거의 다보스 논쟁〉이 하이데거의 《칸트와 형이상학의 문제Kant und das Problem der Metaphysik》, 《하이데거 전집》 3권(Frankfurt am Main, 1991), 274~296쪽에 실려 있다. 이 논쟁에 대한 새로운 논의로는 하버마스의 〈유대 철학과 독일 관념주의〉, 《철학적 – 정치적 프로필》, 3(Frankfurt am Main, 1981), 53~54쪽, 그륀더Karlfried Gründer, 〈1929년 다보스에서의 카시러와 하이데거〉, 브라운Hans-Jürg Braun, u.a.(편집), 《에른스트 카시러의 상징형식 철학에 대하여 er Ernst Cassirers Philosophie der symbolischen Formen》(Frankfurt am Main, 1988), 290~302쪽을 참조하라. 다보스 논쟁에 관한 토론회를 정리한 것으로는 〈철학과 정치. 에른스트 카시러와 마르틴 하이데거의 다보스 논쟁 회고〉, 《국제철학지Internationale Zeitschrift für Philosophie》(1992), 290~312쪽, 그 밖에 패촐트의 《에른스트 카시러. 마르부르크에서 뉴욕까지. 철학적 전기》, 86~105쪽을 참조하라.

69) Massimo Ferrari, *Das Problem der Geisteswissenschaften in den Schriften Cassirers für die Bibliothek Warburg*(1921~1923). *Ein Beitrag der symbolischen Formen*(114~133)(Frankfurt am

Main, 1988), 115쪽.

70) 1925년에서 1926년 사이 랑마크Gerhard Langmaack와 슈마허Fritz Schumacher에 의해 세워졌다. 함부르크 특유의 붉은 벽돌로 지어진 건물 본체는 3층으로 된 사무실과 4층으로 된 서고 탑으로 구성되어 있고, 타원형의 강의실이 정원 쪽으로 나 있다.

71) 상징형식 철학은 전체 3권으로 구성되어 있으나 3권의 결론 부분에 해당한다고 볼 수 있는 《상징형식의 형이상학Zur Metaphysik der symbolischen Formen》은 카시러 생전에 출판되지 못했다. 1928년경에 쓰인 이 결론 부분은 《상징형식 철학 4권》으로 1995년 유고집 1권에 포함, 출간되었다. 유고집 1권에는 그 밖에도 괴테의 근본 현상Basisphänomen이라는 개념을 발전시켜 상징형식의 토대를 밝히는 〈근본 현상Basisphänomen〉이라는 글이 포함되어 있다.

72) 에른스트 카시러, 《인간이란 무엇인가. 문화철학서설》, 최명관 옮김 (서광사, 1988), 51쪽.

73) 화이트헤드Alfred N. Whitehead도 한 사회가 공유한 상징의 이러한 매개 역할이 사회를 결속시키기고 변화시키는 힘이 된다고 보았다.

74) 이 질문은 특히 비르기트 레키Birgit Recki와 오스발트 슈뱀머 Oswald Schwemmer 그리고 엔노 루돌프Enno Rudolph에 의해 제기되었다. Birgit Recki, Kultur ohne Moral? Warum Ernst Cassirer trotz der Einheit in den Primat der praktischen Vernunft keine Ethik schreiben konnte. In : D. Frede · R. Schmücker(Hg.), *Ernst Cassirers Werk und Wirkung. Kultur und Philosophie*(Darmstadt, 1997) ; Oswald Schwemmer, Moral und Kultur. In : ders. *Ernst Cassirer. Ein Philosoph der europäischen Moderne*(Berlin, 1997) ; Enno Rudoph, Politische Mythen als Kulturphänomene nach

Ernst Cassirer. In: E. Rudolph · B.-O. Küppers(Hg.)
Kulturkritik nach Ernst Cassirer(Hamburg, 1995).

75) 에른스트 카시러,《국가의 신화》, 최명관 옮김(서광사, 1988).

더·읽·어·야·할·자·료·들

　지난 10여 년간은 카시러의 대표작인《상징형식 철학》1, 2부가 번역되는 등 카시러의 주요 저작이 소개되었다. 발간 시기별로 번역서를 정리하면 다음과 같다.《문화과학의 논리》, 박완규 옮김(길, 2007),《상징형식의 철학 제1권: 언어》, 박찬국 옮김(아카넷, 2011),《상징형식의 철학 II: 신화적 사고》, 심철민 옮김(도서출판 b, 2012),《상징 신화 문화: 에른스트 카시러의 1935~45년 에세이 및 강의》, 심철민 옮김(아카넷, 2012),《상징형식의 철학 제2권: 신화적 사유》, 박찬국 옮김(아카넷, 2014)

　상징형식 철학 2부, 신화는 다른 역자에 의해 두 가지 번역본이 존재하게 되었을 정도로 카시러 번역이 활발히 이루어졌다. 단행본 연구서로는 신응철의《카시러 사회철학과 역사철학》(철학과현실사, 2004)이 유일해 보인다. 더 읽을 책의 소개가 카시러 연구 동향의 소개는 아니므로 일반 독자들이 접하기 쉬운 단행본만을 열거하는 것으로 그친다.

에른스트 카시러,《인간이란 무엇인가》, 최명관 옮김(서광사, 1988)
　카시러를 알고 싶다면 카시러에 대해 설명해놓은 책을 읽는 것보다는 카시러를 직접 읽는 것이 더 유익하고 즐거운 일이다. 이 책은 카시러가 밝힌 저술 동기에 따르자면 영어권의 카시러 독자들을 위해 세 권의《상징형식 철학》을 축약한 책이다. 그러나 단순한 축

약이 아니라 생물학에서의 새로운 연구 성과를 받아들여 인간이 상징적 동물이라는 인간학적 고찰을 강화하고, 문화를 형성하는 힘에서 인간과 세계의 가능성을 살펴보고 있다. 개별 상징형식들에 대한 평이한 설명과 아울러 새롭게 상징형식으로 다루어진 기술과 역사에 대한 논의는 이전에는 제대로 다루어지지 않았던 새로운 부분이다. 카시러가 직접 쓴 카시러 입문서라 할 수 있다.

에른스트 카시러,《르네상스 철학에서의 개체와 우주》, 박형기 옮김 (서광사, 1996)

아비 바르부르크의 60회 생일에 헌정된 책으로 개인적으로는 카시러의 책 가운데 가장 아름다운 책으로 꼽고 싶다. 방법론적으로 '구체적이고 세세하게'라는 바르부르크 서클의 연구 이념에 충실하면서도 일반적인 것에 대한 탐구를 잊지 않는 자신의 상징형식 철학의 기본 이념을 르네상스 철학의 연구에 적용한 예라고 할 수 있다. 쿠자누스Cusanus와 피코 델라 미란돌라Pico della Mirandola의 철학을 고찰하면서 그들이 지향한 새로운 인간형이 바로 자신의 상징형식 철학이 지향하는 것이라는 확신이 암묵적으로 드러나 있다. 상징형식 철학이 이론적으로 보여주는 세계가 르네상스 시대에 어떻게 역사 속에서 구체적으로 진행되었는가를 보여주는 책이다.

에른스트 카시러,《계몽주의 철학》, 박완규 옮김(서광사, 1995)

카시러가 한창 철학자로 활동한 당시는 독일 역사상 가장 격변기라 할 수 있는 1차 세계대전과 제국의 붕괴, 공화국 건설 그리고 끊이지 않은 정치적 혼란, 독재의 탄생과 전쟁을 겪은 시기다. 이런 정치적 변동이 있을 때마다 카시러는 철학을 통해 시대의 문제를 바라보면서 철학적으로 반박하고 대안을 제시했다. 이 책은 바이마르 공화국이 말기에 접어드는 1932년, 사회적·정치적 혼란의 배경으로 신비주의와 반이성주의의 만연을 지적하고 그 대안으로 계몽과 이성을 비판하기 전에 그것의 진정한 의미가 무엇인지 다시 한번 생각해볼 것을 촉구하고 있다. 독일 정신사를 돌아보며 대안이 되는 주된 인물로 괴테에게 가장 많은 지면을 할애했다.

에른스트 카시러,《루소, 칸트, 괴테》, 유철 옮김(서광사, 1996)

굿맨James Goodman, 크리스텔러Paul O. Kristeller, 랜달Jr. J. H. Randall에 의해 영어로 번역된《루소, 칸트, 괴테 : 두 편의 에세이*Rousseau, Kant, Goethe : Two Essays*》를 완역한 것이다. 첫 번째 논문은 루소가 칸트에게 미친 영향을 인간과 정치와 종교의 문제를 중심으로 살피고 있다. 두 번째 논문은 칸트의 철학을 괴테가 어떻게 이해하고 어떤 점에서 거리를 두며 발전시켰는가를 보여주고 있다. 칸트와 괴테는 카시러가 여러 곳에서 명시적으로 자신의 정신적 고향임을 밝힌 사상가들이다. 바로 그 두 사상가를 비교하고 있는 글에서 우리는 카시러의 모습을 좀 더 명확히 볼 수 있다.

에른스트 카시러,《국가의 신화》, 최명관 옮김(서광사, 1988)

카시러가 영어로 쓴 두 번째 책이자 마지막 책으로 유고로 출간되었다. 이 책에서 카시러는 독일의 국가사회주의에 대한 전면적 비판을 시도한다. 신화를 정치적으로 이용한다는 관점에서 논의를 시작하여 서양 사상사를 뮈토스에서 로고스로, 신화에서 과학으로 향해가는 과정으로 보고 있다. 그러나 이 과정이 20세기에 헤겔과 슈펭글러, 하이데거의 결정주의적이고 운명주의적인 철학에 의해 다시 신화로 회귀하면서 문화적, 정치적 전체주의가 등장하게 된 배경을 이룬다고 보았다. 그 전까지 인간 정신에 대해 늘 낙관적 견해를 유지했던 카시러가 상징형식의 철학자로 바라본 인류 문명의 미래는 상징 형성의 동물인 인간 개개인에게 너무나 벅찬 것일지도 모르며 문화 영역들 사이의 순수한 견제와 균형만으로 보장되는 것이 아니라는 다소 불분명한 결론을 내리고 있다. 이런 불분명한 결론은 읽는 이가 생각을 발전시켜나갈 수 있는 여러 가지 계발적 문제 제기가 될 수 있다.

신응철, 《카시러의 문화철학》(한울아카데미, 2000)
우리말로 된 유일한 카시러 입문서로, 카시러의 상징형식 철학을 인간학으로 재구성했다. 문화를 통해 인간을 이해하려는 상징형식 철학의 기본 이념에 따라 신화, 언어, 예술, 역사, 과학을 통한 인간 이해라는 소제목하에 카시러의 문화철학을 개괄하고 있다. 미국과 최근 독일의 카시러 연구 방향의 주류를 이루고 있는 문화철학과 인간학으로서의 카시러 읽기에 충실한 책이다.

알프레드 화이트헤드, 《상징작용. 그 의미와 효과》, 정연홍 옮김(서광사, 1989)
카시러가 《상징형식 철학》 1권과 2권의 출간을 마치고 3권을 집

할 즈음인 1927년 미국에서 씌어졌다. '인간의 삶에 대한 상징작용의 영향'이라는 문제를 다루겠다고 밝히면서 카시러와 마찬가지로 언어를 가장 일반적이고 중요한 상징의 하나로 분석한다. 상징이 문화를 이루는 요소로서 인간에게 얼마나 필수적인지, 공동체의 결속과 해체에 얼마나 큰 영향을 미칠 수 있는지를 보여주고 있다. 어떤 사물에 대해 하나의 상징이 만들어지고 나면 이 상징이 거꾸로 하나의 사물이 되고, 이것이 반드시 원래 상징을 의미하는 것만은 아니게 된다. 즉 사물에 어떤 이름이 붙여지느냐는 명확해도 그 이름이 무엇을 의미하느냐는 항상 명확히 규정된 것이 아니다. 공동체는 이런 상징 작용에 의해 보존과 변화 또는 와해를 겪게 된다.

오스발트 슈펭글러, 《서구의 몰락》, 1~3권, 박광순 옮김(범우사, 1995)
카시러에 대한 관심보다는 카시러의 문화철학을 통해 다른 문화철학적 논의에 대해 알고 싶은 독자들을 위한 책으로, 카시러와 동시대의 논의 그리고 가장 최근의 논의 내용이 담겨 있다. 여기 옮긴 두 번째 논문과 《국가의 신화》에서 카시러가 직접 '위험한' 문화철학의 하나로 언급한 책이다. 이런 의미에서 카시러의 비판을 비판적으로 이해하고, 결정주의적 문화철학의 논리가 어떻게 전개되는지 직접 경험해볼 수 있을 것이다.

새뮤얼 헌팅턴, 《문명의 충돌》, 이희재 옮김(김영사, 1997) ; 하랄트 뮐러, 《문명의 공존》, 이영희 옮김(푸른숲, 2000)
헌팅턴의 문명 충돌론과 이를 반박하기 위해 쓰인 뮐러의 책은,

문명과 문화에 대한 논의가 국제 정치적으로도 얼마나 중요한 것인가를 보여준다. 뮐러의 논의는 카시러가 말하는 고유성의 추구를 통한 풍부한 통일성의 도달이라는 점에서 볼 때, 카시러 문화철학의 국제 정치적 전개라 할 만하다. 문명과 문명은 각기 절대성을 주장할 때 충돌하게 되며 이는 문명의 고유성과 차이를 인식하는 것을 시작으로 극복할 수 있다. 차이의 인정은 차이의 소멸을 목적으로 하는 것이 아니라 대화를 위한 것이고, 대화는 나도 변할 수 있다는 전제에서 출발하며 이 같은 타자에 대한 존중이 전체의 발전으로 귀결된다는 비정치적 문명의 논리를 보여주고 있다.

옮긴이에 대하여

오향미ohhyangmioh@gmail.com

1964년 서울에서 태어나 고려대학교 정치외교학과를 졸업하고 베를린 자유대학에서 정치학 석사와 박사 학위를 받았다. 1980년대 혼란스러운 대학 시절, 세상을 왜곡하는 수많은 언사가 난무하는 가운데 나름대로 세상을 바라볼 수 있는 틀을 갖고 싶다고 혼자 많은 생각을 했다. 그러던 어느 날 좌우인지, 동서인지, 고금인지를 다투던 뿌연 연기를 뒤로하고 우리뿐 아니라 지구 위의 많은 사람들의 현재 삶을 결정짓고 있는 서구 문화를 경험해보고자 길을 떠났다. 긴 여행이 되리라 예상은 했지만 그 여행은 생각했던 것보다 훨씬 더 길어졌고 비판하러 떠난 길에서 결국 서구의 몇 가지 장점을 인정할 수밖에 없었다. 그중에서도 가장 경외를 불러일으킨 것은 자신의 삶에 뿌리박은 그들의 체계적인 고민이었다. 그들은 그들답게 살고 있었다. 독일과 서유럽의 정신사적 자화상을 음미함으로써 나와 우리의 자화상을 그려내는 방법을 배울 수 있을 거라고 생각하며 읽고 쓰고 있다. 우리는 언제쯤 한국, 서양, 동양의 구분이 없는 정치사상을 말할 수 있을까, 우리 역사는 그것을 불허하는 것일까?

연구하는 일보다 가르치는 일이 더 어렵다는 것을 알게 된 것은 대학의 존재 이유와 학문의 의미를 학생들에게 현실감 있게 전달하기가 쉽지 않다는 것을 알고서부터다. 나의 문제의식을 우리의 문제의식으로 객관화하고 학생들의 공감을 이끌어내는 방법에 대해서 고민하고 있다. 현재 고려대 아세아문제연구소 연구원으로 있으며, 독일 헌정주의 연구를 통해 서구 민주주의 정치 체제와 국가 관념 그리고 헌법 이해의 연관성을 현대 한국의 관점에서 비판적으로 재구성해보고 싶은 바람이 있다.

책세상 문고·고전의 세계
010

인문학의 구조 내에서 상징형식 개념 외

초판1쇄 펴낸날 | 2002년 3월 10일
초판4쇄 펴낸날 | 2019년 11월 30일

지은이 | 에른스트 카시러
옮긴이 | 오향미
펴낸이 | 김현태
펴낸곳 | 책세상

서울시 마포구 잔다리로 62-1, 3층(04031)
전화 | 02-704-1251(영업부) 02-3273-1333(편집부)
팩스 | 02-719-1258
이메일 | bkworld11@gmail.com
홈페이지 | chaeksesang.com
등록 1975. 5. 21 제1-517호

ISBN 978-89-7013-315-7 04100
978-89-7013-297-6 (세트)

책세상 문고·고전의 세계